从人到1

沈韶锐 著

经济日报出版社

北京

图书在版编目 (CIP) 数据

从0到1 / 沈韶锐著. -- 北京 : 经济日报出版社,
2024.6

ISBN 978-7-5196-1427-0

Ⅰ. ①从… Ⅱ. ①沈… Ⅲ. ①创业－基本知识 Ⅳ.
①F241.4

中国国家版本馆CIP数据核字(2024)第013396号

从0到1
CONG 0 DAO 1

沈韶锐 著

出 版：**经济日报** 出版社

地 址：北京市西城区白纸坊东街2号院6号楼710（邮编100054）

经 销：全国新华书店

印 刷：成都市兴雅致印务有限责任公司

开 本：880mm×1230mm 1/32

印 张：6.75

字 数：164千字

版 次：2024年6月第1版

印 次：2024年6月第1次

定 价：69.00元

目录

CONTENTS

第一章
初创公司十大坑

第二章
初创公司十大窍门

第三章
自我革命

第四章
投资有道

初创公司十大坑

第一坑
初创公司千万别负债经营

每当有人问笔者创业最深刻的教训是什么的时候，笔者告诉对方：一定要把"千万别负债经营"摆在第一位。笔者一直把"负债经营"称之为创业公司的"死亡陷阱"。

很多经营者可能觉得"负债经营"没什么大不了，哪家公司在成长发展的过程中没有向银行贷过款，向别人借过钱呢？

负债经营，并非说公司不能有贷款，而是指当公司的资产小于负债时，仍在持续经营。对于一家初创公司而言，当发生这种状况时，一定要打起十二分的精神，防止债务窟窿越来越大。因为"负债经营"就像是温水煮青蛙，一点一点将创业公司拖入破产的深渊。

创业过程中如果犯了别的错误，创业者大不了损失一点时间，最差结果也就是团队散伙，项目告吹，但倘若被卷入债务风波，很有可能会使创业者深陷债务的泥潭。

笔者早期创业时就犯过这样的错误。

　　笔者曾创办过一家互联网公司，主营软件开发。经过一年左右时间的发展，公司在市场上有了一点知名度，也开始陆续接到上百万的合同订单。为了满足订单需求，公司招兵买马，很快补充了技术开发队伍。但是随之而来的也正是人员薪资的问题。公司每个月的人员薪资成本在20万元上下，一年将近300万元的成本。那时公司错误预估了第二年的业务形势，乐观地判断第二年的收入一定能抵销公司的开支，在这种情况下，公司和大多数公司一样，选择了向银行贷款。

　　那时正值政府鼓励大众创业万众创新之际，银行也对我们这样的科技型中小企业给予支持，在没有任何抵押物的情况下，给了公司一笔年化利率5.2%的100万元经营性贷款。公司发展需要资金，不管是合伙人还是股东都没有意识到有什么不妥。市场上获得授信的公司比比皆是，所以公司也都没放在心上。结果正是这100万元银行贷款，导致了后续一系列问题的产生。

　　接下来一段时间，公司在战略选择上犯了几个重大错误，导致公司产品一直不太好卖，公司的主营业务收入一直不温不火。但是为了保证订单能够顺利交付，又无法削减人员，100万元的银行贷款始终无法填上。一边是不温不火的收入，一边是持续不断的人员开支，为了将公司经营下去，公司决策层又不得不选择向银行申请几百万元贷款。这个窟窿如同滚雪球一般，越滚越大。公司在最夸张的时候已经负债近千万元，几个创始股东都身背巨额债务，压力巨大，最终不得不宣布公司破产。公司创始人至今还在偿还债务。

　　这就是笔者创办企业最为深刻的教训。笔者现在和很多创始人聊天，他们仍旧不信邪。认为能向银行借到钱是好事，希望能够多从银行贷到一些资金周转。但是大家都忽略了一个问题：借的钱，迟早是要还的；要还的钱，是有利息的。千万不要小看几个点的利率，在债务偿还不上的时候，每个月利滚利的利息真的非常可怕。

维达·美第奇说："破产并不发生在你的资产低于负债的时候，而是发生在你无法偿还你负债上已经逾期的利息。"从前没有感觉到负债经营的可怕，总觉得能从银行借到钱就有了喘息的机会，就能渡过难关。只有自己亲身体会过公司破产时的无力，才会有深刻惨痛的教训。

一、为什么初创公司不要负债经营

1.初创公司现金流不稳定

大部分初创公司在早期是一个商业模式探索的阶段，经常会做一些业务形式上的探索和尝试，所以公司的现金流其实是不够稳定的。在这种不稳定的情况下借一大笔钱，很难确保在未来的某一天能够还得上。

对于成熟企业而言，现金流业务稳定了，具备一定的抗风险能力，此时利用银行资金周转，成本反而是更低的。但是对于一个连业务模式都没确定的初创公司而言，负债经营显然是不可取的。

2.举债会变成一种习惯

人们经常会听到宣传标语说："不要借网贷！"原因有两方

面：一方面是因为网贷的利率很高，有些年化利率达到十几个百分点；另一方面是因为借钱很容易成瘾。一旦没钱了就去借，会慢慢变成一种思维惯性，当你发现窟窿很大的时候，其实为时已晚，靠每天固定收入已经很难还清债务了。

虽然公司向银行借款的目的是让企业经营发展，并非用于不法用途或者用于享乐消费，但是在本质上，也是借钱花费。

当公司经营周转再次碰到困难，人们很难摆脱再一次向银行借钱的思维惯性。哪怕这家银行的利率更高，在情急之下，经营者也很难不同意。加之公司经营的开支比个人要大得多，在巨额的利滚利之下，倘若公司业务没有爆发式的增长，想要填平从一开始就挖的坑，难度是巨大的。

二、初创公司如何规避负债经营

1.能用股权融资，不要用债权

首先千万不要盲目经营。也就是说，在你决定成立公司之前，要对你手里的业务、技术进行反复测试，甚至是拿到市场订单之后再公司化运作也不迟。有了市场订单之后，再去找股东，或者天使投资人，用股权的形式注入资金。

一些创业公司的老板不舍得稀释自己的股权，总是死死地握在自己的手中。但是只有稀释自己的股权，才能换来别人真金白银的投入，在这种情况下，就算后来企业经营发展有困难，大家也会互相伸出手援救。但倘若是债权，当公司出现危机的时候，债权人就成了债主，和创业者反目成仇甚至对簿公堂，这样的话公司也就离倒闭不远了。

2.学会及时止损

创业者总有一股迷之自信，觉得自己的判断是正确的，或者总是抱有"我再试一把"的心态。面对复杂多变的商场，就算你做了万全的准备，设计了完美的商业链路，在前期业务不稳定的情况下，你的公司未来大概率不会向你所预期的结果发展。所以创业者需要学会及时止损。在窟窿还不是很大的时候，我们得停下来思考是否团队出了问题。如果团队出了问题，该砍得砍，该辞退得辞退。如果商业模式出了问题，我们得承认自己的错误，果断地做出调整，不能在一个坑中反复地尝试。这时候的坚持与努力，反而是一种愚蠢的表现。太多的创业者是因为不甘心业务的失败把自己拖垮的，最终成为失信执行人，想要东山再起，难度大大增加。

3.创始人设定机制

在初创公司成立的第一天起，创始人就应该定好规矩，就算公司碰到再大的问题，也不要借款。要把这条铁律写到自己的《合伙人章程》中，与每位合伙人达成共识。这条"金规玉律"，能救你于水火之中，保证你还能东山再起。

罗永浩因积极偿还 6 亿元的负债而被人津津乐道，但是像他能还上巨额债务的毕竟是少数。罗永浩首先是一个网红，拥有大量流量，投资者才会愿意给他时间慢慢偿还。但是像他这样的现象级网红，能有几个呢？笔者希望大家能够更踏实一点，厘清收入与负债的关系，宁可稳扎稳打发展得慢一些，做一家"小而美"的企业，也不要乘"债务的东风"，给自己增加致命的风险。

第二坑
你认为的刚需，可能只是恰巧有人需要

最近有位年轻的创业者找笔者聊天，说自己发现了一个市场痛点，准备辞职创业。他发现实施垃圾分类以后，很多小区的垃圾桶都是早上和晚间定时开放，但是现在很多年轻人作息不规律，无法在固定时间下楼扔垃圾，小区楼层又很高，等电梯时间很久，下楼扔个垃圾非常不方便。于是年轻人就把垃圾放在门口，由小区保洁阿姨代扔，每个月给阿姨200元作为报酬。他准备打造一个平台，链接保洁阿姨和住户，专门提供垃圾代扔服务。

乍一听这是一个挺好的创业点子，但是这个想法到底是刚需，还是恰好有个住户提出了这种需求？还得再做更详尽的调研。有市场需求和刚需是两码事。往往你所认为的一级刚需，它可能并没有那么刚性。但是创业者最容易犯的错误，就是误以为自己发现的这个市场痛点是刚需，然后一股脑杀入，最终导致自己创业失败。

创投圈里有一个现象：大多数的创业公司活不过三年。为什么项目失败的概率这么高呢？除了市场竞争、商业模式不成熟等

因素之外，还有一个很重要的原因，就是从项目立项的第一天起，出发点就是错的。你所发现的市场需求和市场痛点，可能只是别人的偶然需要，并非一个大市场。很多创业者可能只关注到有需求，但是错把有需求当作刚需，然后一头扎进创业的浪潮中，耗尽力气却发现怎么也上不了岸。

创业者大都经历过那个心血来潮夜不能寐的阶段。在深夜头脑风暴，侃侃而谈，总会有那么一两个需求点莫名其妙地碰撞出来，然后大家很激动，认为这就是未来的蓝海市场。大部分人是"晚上想想千条路，早上起来走原路"，创业者的那股"倔强劲"却被激发了出来，非要把说过的话落地实现，结果很有可能因为"上头"而忽略了市场需求。

笔者曾经有两个创业项目，死于对刚需市场的判断上——我们认为的刚需市场，其实只是我们的一厢情愿。

一、脑电波助眠眼罩项目

2015年前后，随着消费类电子产品市场的兴起，越来越多的玩家选择进入消费电子产品市场，比如TWS耳机、智能音箱等。作为一家专注于脑电波技术研发的公司，我们也在想如何将技术和市场应用做结合。思前想后，我们发现可以把脑电波传感器与平常大家用的遮光眼罩做结合，通过采集脑电波数据后由人工智能推送最适合人们入眠的音乐，助人入眠。整个项目前后投入了近1500万元，虽然也获得了几百万元的收入，但同时也"收获"了大量的负面反馈。有说产品没效果的，有说产品鸡肋的，总之，产品的复购率低，差评度高。最终因为市场不成熟，公司不得不选择终止项目。

复盘其原因，除了技术的不成熟外，还有对当时的市场需求把握有误。我们一直认为助眠是一个刚需市场，把目标客群瞄准中午需要休息的白领人群，但这并不是一个刚需市场，失眠的人群才是。治疗失眠的精神类药物对于失眠症患者来说才是刚需，白领人群对于这个产品的需求是可有可无。没有这个助眠产品，他们不一定会睡得不好；有了这个助眠产品，他们好像也没有睡得更好。所以这个产品在推出之后出现口碑上的种种问题，也就不奇怪了。

二、儿童注意力训练项目

2017年，公司同样因为想把脑电波技术对应到应用场景上，再一次犯了同样的错误。公司和浙江省儿保医院康复科有一些合作，康复科接收的都是一些患有注意力缺陷、多动障碍的儿童，俗称多动症（ADHD）。每天都有来自全省各地的家长带着患有ADHD的孩子来科室看病，希望解决孩子多动症的问题。倘若此时我们切入的是医疗市场，孩子们有病症，运用技术开发出相对应的产品去治病，那么这是一个刚需。可是恰恰公司忽略了这一点，很自信地认为教育是一个更大的市场，应当针对注意力有缺陷的孩子开发儿童注意力训练课程。就像当时很火的思维课程、

STEAM课程一样，家长也会付费让孩子参加注意力培训。但当我们花了很大的人力物力开发好课程，推向市场招生的时候，发现注意力训练这个需求并没有那么刚性。到底是哪里出了问题呢？一开始公司也做了大量的调研工作，也和很多家长朋友们聊过这个事情，在聊天调研的时候，受调者都表示自己或是孩子有或多或少的注意力不集中的问题，为什么到真正招生，要让家长付费的时候，家长却那么犹豫呢？复盘其原因，发现原来这种类型的需求，其实是一种隐性需求。对于已经被诊断为ADHD的孩子，家长无比焦虑，那么他会选择去医院就医，所以此时注意力训练的课程对家长来说已经无关痛痒；对于另一些被营销报课的家长来说，他们也是抱着试一试的心态，并没有非常焦虑。再加上注意力缺陷这种事并不光彩，不会让别人知道自己的孩子正在参加这种课程训练，不会像舞蹈、绘画之类的课程一样进行分享炫耀，所以复购和转化率极低。课程自然也就推广不下去。前后经历三年时间，花了大量的人力、物力、财力，最终宣告该项目破产。这就是错误地判断市场需求所付出的代价。

这两个惨痛的教训都告诉我们，千万不要把有需求当作刚需，更不要在没摸清市场需求的情况下就盲目创业。

现在到处流行举办各种创新创业大赛，每次比赛的时候就会涌现出一大批科技型创业项目，这些项目都大有来头，很多都是国内外知名高校科研成果的转化项目。但是奇怪的是，这些创新创业大赛得奖的项目在市场上的发展并没有那么好，为什么呢？因为很多创始人错误地认为有技术就会有市场，但是真枪实弹到市场上一打拼，发现真正付费的客户并不多，自然，公司发展也就没那么顺利了。

技术是解决市场需求的一种手段和方式，要在一个成熟的市场中观察，用技术替代原来的解决方案，才有可能把公司做强做大。但是大部分技术型创业者却陷入怪圈，技术应该服务于市场，找到市场需求后再去选择用什么技术去拓展，而不是自身拥有什么技术再去匹配相对应的市场。这两者有什么不同呢？前者是主动型的，市场需求就在那，不管技术有没有迭代更新，市场需求依然不会改变；后者是被动型的，因为掌握了某种技术，所以要找到相对应的市场去把掌握的技术发扬光大。就像前面我提到的案例中，失眠是一个巨大的刚需市场，应该针对失眠去寻找技术解决方案，可以是中医、西医，可以是脑电波治疗失眠，也可以是药物治疗失眠，而不应该因为有"脑电波技术"，所以去找相对应的场景去教育市场。应该创办的是一家"失眠解决方案"的公司，而不是"脑电波技术公司"。

所以，在你认为自己发现了一个刚需市场，要决定创业之前，先问自己几个问题。

（1）这个市场需求，需要你投入大量的广告去教育市场吗？
（2）这个市场需求，会根据客户意志的转移而发生改变吗？
（3）这个市场，如果不是你来做，还会有人前赴后继地去进场尝试吗？

回过头再套用这位朋友的创业点子。
垃圾代扔是一个需要投放大量的广告去广而告之客户吗？如

果今天楼道阿姨不扔垃圾了，是否意味着这个交易模式就不存在了？垃圾代扔这个业务，如果今天他不入场，还会有更多的创业投资者进场吗？结果应该是显而易见的，这个项目或许可以小范围赚点钱，但并不容易做大。

把这几个问题都想明白了，选对市场的概率会大大增加，创业出错的概率也会大大降低。

还有两个检验一个产品是否有市场需求的方法。

1.同行做不做

在你找到一个市场痛点以后，先别着急马上入场，先观察周边，你要干的这件事，周围有人持续在做吗？做的人多吗？如果有人持续在干，说明这个需求是稳定可持续的。

2.员工用不用

当你研发了一个新产品后，先观察你的员工是不是产品的受用者。一个产品，自家员工如果都不用，说明它并不是一个优秀的产品，市场需求自然不会太大。

作为创业者，需要深入理解市场，了解消费者的真正需求，以避免误判市场的情况发生。不能仅仅看到表面的需求就认为这是一个刚需市场，而应该深入挖掘消费者的深层次需求，看这个需求是否是持久的，是否无法或很难被其他产品或服务所替代。

总的来说，判断市场是否是刚需，是创业早期阶段的一项重要任务。错误的市场判断可能会导致努力白白浪费，甚至可能会使公司面临破产的风险。有句话叫"一步错，步步错"。如果一开始努力的方向是错的，那么无论多么努力，都无法实现创业的成功。所以，多花点时间在市场需求的验证上一定不会错。千万不要把少数人的需求当作市场刚需。

第三坑
没有奶牛，别孵蛋

在早期创业阶段，创业公司要费尽一切心力找到一头"现金流奶牛"。

很多创业初期的公司都会面临一个共同的问题，即如何选择发展方向。应该选择横向扩张，同步开发多个业务条线，还是选择单点突破，专注在一个产品业务上呢？

大多数情况下，那些横向扩张的创业公司很容易遭遇失败，而那些专注于单点突破的创业公司却能够逐渐发展壮大。学会单点突破对初创企业非常重要。

这就是所谓的"没有奶牛，别孵蛋"。

什么叫"没有奶牛，别孵蛋"呢？

"奶牛"是指持续不断产生现金流的业务体系，"蛋"是指新的项目。

也就是说，当创业公司还没有搭建出能持续稳定产出现金流的业务体系时，尽量不要孵化新的项目。要集中精力把一切能调动的资源都放在能为自身创造现金流的业务上。

回顾笔者的创业经历，更能说明"没有奶牛，别孵蛋"的重要性。

2014年初，笔者在杭州创办了一家脑机接口公司。得益于高校科研技术成果的转化，公司获得了近千万元的风险投资，这也成为公司创业的第一笔资金来源。随后不断研发，公司瞄准睡眠市场，于2015年末推出全球第一款脑电波助眠眼罩。一直到这个阶段，公司上下都表现得非常专注，齐心协力地搭建销售、营销、运营、研发团队，合力主打脑电波助眠这个产品。产品的销量也从一开始的每月几十个，增加至每月上千个。但是技术研发型公司的成本一直都是巨大的，到2016年底，尽管公司账面已经有了几百万元的收入，但此时公司的"眼罩"业务还未能持续稳定地产生现金流，还需要由业务团队不断拓展订单。可是此时公司创始团队犯了一个致命的错误，觉得单纯靠卖"智能眼罩"带来的收入太低，决定瞄准精神健康领域，投入研发一款新的智能解压产品。前后又花了近一年的时间研发这款新产品，等到新产品推出的时候，公司的运营压力已经越来越大，只能靠银行贷款勉强支撑。在此之后，公司分别在教育、健康等几个领域新增了几个产品线，期望能有一个业务线大量产出，能够抹平研发投入。但是实际情况可想而知，公司的人力、资金等各方面的资源有限，新增的业务线都无法达到预期的目标，运营压力越来越大，最终不得不选择裁员、砍掉业务线的方式来自保。

与笔者形成鲜明对比的是一位和我们同期开始创业的做跨境

电商的朋友。

他的公司在最早期只有两个人，只卖家纺四件套。早期他的跨境电商业务不温不火，当时笔者还建议他多开几条产品线。他说了一句令笔者记忆犹新的话："我要让客户知道我的店铺只卖四件套。"所以他选择了深耕"四件套"这个品类，店铺的销售额逐渐从月销几十美元，做到了现在月销20万美元，但是他的公司至今不超过五个人。这是一家"小而美"的创业公司。

复盘笔者的创业项目，为什么公司做了这么多次的战略调整和业务拓展，每次的结果都不尽如人意？

一个很重要的原因是：公司在切入一个新市场时，其实并没有一个稳定的现金流，也就是说公司的自我造血系统并不完善。在这种情况下，不论创业者新进入哪个市场，在研发、推广、营销上都没法做到和第一个创业项目那样的专注和孤注一掷，大家都是抱着尝试和试探的心态来做这个新业务。

这些新业务实际上都是一个个独立的小项目，零零散散，东拼西凑，一个创业公司本来也就没几号人手，新业务相当于拆分成了两三个人的一个项目组，既要负责产品开发，又要负责产品销售，这样的业务模式自然是很难成功了。对于早期小型的创业公司而言，一个没有孤注一掷的创业项目想一飞冲天，难度可想而知。这也就是陷入了"越穷越急，越急越穷"的怪圈。

不光是笔者的这家公司，还有很多早期的创业公司也陷入了这个"越穷越急，越急越穷"的怪圈，都因为在一开始就选择多管齐下，反而失去了主心骨。样样都想做，样样都做不好。

由此可见，对于一家早期的创业公司而言，专注在一件主营业务上单点突破非常重要。

单点突破有三点好处。

1.集中资源

因为初创公司通常资源有限，人少，资金少，组织梯队都不是很成熟，根基也不稳定。选择单点突破可以形成局部的优势力量最大化与市场抗争，从而充分满足市场需求。

2.打响品牌知名度

"单一"意味着"专"和"精"，很容易给市场和客户留下深刻的印象，便于记忆，便于品牌推广。品牌认知度的提高可以带来更多的用户和销售机会，从而推动企业的快速增长。

3.便于管理

初创公司很大的问题在于"人心不齐"。因为公司业务不是很稳固，员工们经常会出现军心不定的情况。公司如果选择单点突破，便于早期的管理，自上而下很容易发现哪个环节出了纰漏，很容易对人员进行考核管理。

归根结底，单点突破的最终目的是形成稳定的现金流，找到公司的这头"现金流奶牛"。

怎么判断这头奶牛有没有找到呢？

只要每个月产生的现金流能够覆盖公司成本并且可以持续，就说明这头奶牛已经被找到。

在此基础上，公司再去拓展业务板块，也为时不晚。

创业启发

（1）无论公司规模多大，销售规模多少，都要设计销售竞争和考核。

（2）在没有形成稳定现金流和搭建完整的销售体系前，千万要谨慎开拓新的业务板块。

（3）早期创业公司尤其要专注。如果真的看准一个充满机会的市场，建议调动全公司的资源全力投入。不要抱着试一试的心态去孵化新项目。

第四坑
远离盲目自信

创业者中有一类特别有意思的群体，他们爱学习、爱钻研、有技术，总能摆弄出令人拍案叫绝的新产品；同时，这个群体也让人极度无奈，因为他们傲慢、自大，对于技术有自己独到的见解，拥有常人所不具备的平地起高楼的能力，也可能会因为自己的盲目自信与固执葬送一场唾手可得的胜利，总是给人一种"成也萧何，败也萧何"的既视感。

对于一家初创企业来说，如果由这一类人来领导，充当公司掌舵手，有利有弊。

倘若领导得好，他自己本身就是公司最有力的一剂助推剂；倘若领导不好，他也有可能是一颗定时炸弹，随时都有自爆的隐患。

在多年的创业生涯中，我们曾与太多的理工男创业者打过交道。他们率真、坦诚，没那么多算计和小心思，都很直接、很清澈，没有那么多的城府，与他们交流起来就像在和一台先进的计算机，没有遮遮掩掩和弯弯绕绕，他会把他所知道的都开诚布公地与你分享。这也是我喜欢与这群人打交道的原因。

但同时他们也很直接，不懂得人情世故，不知道怎么与人交谈，这也是他们不太受人待见的原因。

我们见证过很多的创业案例，正是因为创业者的盲目自信、固执，导致创业公司走向失败。

那么这一类的创业者最大的隐患在于什么呢？

我认为主要有两点，这两点隐患，很容易导致一家企业由盛到衰，大家需要引起高度重视。

一、过度强势

在创业早期就拥有一定的技术优势的创业者，很容易组建一支创业团队并且获得早期风险投资。但正是因为这样的优势，使得创业者的自信心爆棚。如果不加以制约，很容易让这类创业者陷入"一言堂"的境地。在其创业公司内部，在技术和产品方面，一般没有几个合伙人或者员工比他更懂；比融资，风险投资早期看中的就是这个创始人拥有的技术，所以他的话语权非常大。久而久之，容易陷入自我迷信的误区。他会认为自己的战略眼光和战术打法统统没问题。

我见过几个这样的创业者，明明自己没有营销的经验，却非得在营销策略上过度干预；明明自己从来没有做过管理，却从头到脚要按照自己想的方式进行管理，最终弄得公司鸡飞狗跳，人心不宁。

二、不懂得人情世故

这一类的创业者不太懂得做生意的人情世故。为什么呢？因为技术出身的创业者，大多认为大洋彼岸硅谷的创业文化才是真正的创业文化。他们争相模仿乔布斯、扎克伯格这样的创业者。但是很多人忽略了一个问题，创业本质是一门生意。怎么做生意，西方和东方是有不同的文化属性的。西方的那套行事准则，到了我们国内，很可能会水土不服。

此外，不懂人情世故也意味着说话比较直接和尖锐，经常会因争论某些事让同事员工说不出话来。对于一家刚起步的创业公司而言，业务没有很稳定，尖锐的言语很容易导致员工同事的不满和打击员工的积极性，久而久之也容易造成信任危机。

这两点往往发生在那些刚开始创业没多久的创业者身上。那些创业成功的，通常也是懂得如何与人打交道的高手。我相信前文提到的罗永浩，在商场打拼了这么多年以后，早就练就了一身"能屈能伸"的本领。

所以大家千万不要忘了创业的本质是做生意，做生意就少不了人情世故，创业者们切莫傲气横生，什么也看不惯。

我其实最怕早期的创业者对我说："我们拥有国内最厉害的

技术。"

有信心有霸气是好事，但是一定要避免盲目自信。要学会用心聆听他人的意见。我很佩服特斯拉的创始人马斯克，身家上亿的他，虽然是一个极度自信的创业者，但是在一次采访中，他能面对镜头大方承认自己的不足与失误，并且马上进行改进。

所以，如果你是一位有梦想有追求的创业者，以下几点需要特别注意。

（1）你是乐观还是盲目自信？

（2）你在与同事沟通时注意自己的言行方式了吗？

（3）你能做到每天都反思自己的不足之处吗？

给早期的技术型创业者一些建议：

（1）学会最后一个发言，这样可以避免同事因为你极强的气场所带跑偏；

（2）学会把你的思考判断多发朋友圈，多听听来自各行各业的声音，不管是好的还是坏的；

（3）谦逊，敢于承认自己的错误。

通过以上建议，可以更加清楚地看到、更加清醒地认识到创业不仅仅是一个人的战斗，而是需要一个团队的协作。对人情世故的理解，对人心的把握，对团队的管理，这些都是创业者必须具备的能力。

希望你能远离盲目自信，带领公司披荆斩棘，快速发展。

第五坑
千万不要忽略战略的意义

"不要用战术上的勤奋掩盖战略上的懒惰"这句话，对于一名创业者来说并不陌生。但是为什么大多数的创业公司还是很容易夭折？和诸多创业者交流之后，笔者发现有两个很致命的原因：一是"战略懒惰"，二是"不愿意接受战略性失败"。即很多创业者关心战术胜利，却极其容易忽略战略的意义。

一、"战略懒惰"

什么是战术，什么是战略呢？打个比方，创业既要抬头望天，又要低头赶路。遥望的那片天，就是战略方向；低头走的那条路，就是战术路线。

那么创业的法则中，到底是战术更重要，还是战略更重要呢？

看到一篇文章谈到战略和战术的重要性，笔者觉得颇有深意。

文章说：一切战略都是建立在某个客观规律，或者客观事实基础之上。开打之前，战略不重要，战术也不重要。寻找这个规律和事实本身最重要。

只要能找到建立起战略的规律，带来战略正确，那么战术本身的成功和失误，只是加速或者推迟最后结果的到来。

不能说战术不重要，但战术的确没那么重要。

开战之际，能深刻认识到"我们的力量来自哪里"，才是最终战略思想形成的基础。

因此，对于创始人而言，找到建立起战略的规律，想明白"我们的力量来自哪里"这个事情显得极为重要。

但是很多的创始人把太多的时间花在与同事埋头苦干上，压根不思考这个问题，这就是典型的战略懒惰。通俗点说就是想得太少，做得太多。

在一个组织内部，即使是再小的组织也要分为"头部""腰部"和"脚部"。"头部"代表指挥中心，要制定战略方针。创始人应该时时刻刻思考"我们的力量来自哪里"，不断地思索、求证、检验。在进军商场之际，能充分认识到"企业的优势在哪里"，才能形成真正的作战方略。这个事除了创始人之外无人可做，因为只有他自己最清楚公司的基因。对于"腰部"来说，要懂战略，定战术。他们要深刻理解创始人的战略意图，并且消化吸收以便制定出相对应的战术打法，传达给执行层实现。"脚部"负责执行，负责销售、运营、研发，他们要按照"腰部"制定的战术坚决有效地执行实施。

但是，很多创始人想不明白这个问题，就形成不了最终的战略思想。形成不了战略思想，就没有指导方针，只能在一次又一次的战役中无谓消耗。以致很多时候，创始人自己都不知道自己为什么要参加"双十一""618"这些购物节，只是为了在购物节中多卖一些货吗？对于一家企业的掌舵人来说，想明白为什么要打这场仗比打赢这场仗更重要。

很多的创业公司的创始人很拼命，带头做销售、做产品，眉毛胡子一把抓，既当总经理又当业务员，把自己放在执行层面。你说他们不勤奋吗？不，他们比谁都努力，比谁都渴望成功，但是就是不愿意停下来仔细想想自己公司的优势是什么。

二、"不愿意接受战略性失败"

很多创业者都有一个致命的弱点，就是不会低头，不会选择战略性的失败。他们只想在一次又一次的竞争中取得可喜的成绩单，以获得市场的关注和市场的青睐。仿佛输了一次就会失去所有机会。

罗振宇说："战术就是关心战场的胜负，战略就是关注战后的胜负。"大战略关注的是战后的和平，而非战场的胜利。对于一个国家来说，只要战后的和平是胜于战前的，无论多大的军事失败都可以接受；反之，再大的单场军事胜利也不能掩盖大战略失败的致命伤害。

学会接受战略性的失败，很多时候有利于最终的胜利。

举个例子，在一个新商品刚兴起的时候，市场上大大小小的各种品牌的此类商品参差不齐，但都花着大量的广告费对商品进行推广。公司并不着急占据市场份额，一开始的销量也是不温不火，比不上别的品牌。但是此家公司把花在营销上的钱用在了产品的技术研发上，等到市场认知一旦形成，迅速出击，用加盟的模式和极致的产品力一举坐上此类商品的头把交椅。这就是此公司的战略思维，它可以在前几次的营销中都不占优，但是它清楚什么时候能够赢，靠什么赢。

但是大部分的创业者在更多的时候只想赢在当下，却没有考虑赢在未来。

因此，对于创业者来说，格局打开，眼光放长远，才能实现最终的胜利。当然，这也和创业公司团队的背景、文化、基因密切相关。创业公司不可能在第一天就形成战略方针，大家还是得脚踏实地。但是请记住："既要低头赶路，也要抬头望天"。

第六坑
初创公司教育市场，容易被市场反教育

初创公司要尽可能避免开发那些需要教育市场的产品。

创业者是怀揣激情与梦想，力图改变世界的一个群体。创业伊始，大家总梦想着未来有一天能和乔布斯、马斯克、扎克伯格这些伟大的创业者一样，用自己创造的产品引领时代，改变世界。

但是在这个过程中，我们发现产品赛道的选择很重要，并非最新最前沿的技术产品就能占领市场，恰恰相反，很多时候，创业者应该学会，尽可能地避免去开发那些需要教育市场的产品。

这条深刻的经验教训也是我们创业以来反复验证复盘后得出的。

2015年，笔者团队注意到睡眠是一个大市场，准备进军睡眠领域。公司认为自己掌握的消费级脑机接口技术可以帮助失眠人群解决"入睡难"问题，因此经过一段时间的研发后推出了市场上第一款脑电波智能眼罩，主打帮助白领群体午休入眠。

2018年，公司发现精神健康也是一个大市场，市场上做精神减压的产品也不多，于是经过一段时期的研发，公司推出了第一款冥想头环，帮助冥想用户记录冥想过程中的生理数据。

后来公司又发现物理干预提升记忆力又是一个市场需求点，于是基于自己的技术又推出了一款消费级tDCS（经颅直流电刺激）头戴，帮助用户提升记忆力。

每一次都怀揣着满满的期待去开发新产品，但是每一次新产品的结果都令人极度失望。每一款新产品的销量和口碑都不理想。每一款新产品研发的背后，都耗费了公司大量的人力、物力和财力。只不过令我们没有想到的是，产品的研发成功仅仅只是失败的开始。接下去，公司不得不面对教育市场的问题。

为什么呢？因为公司开发的几款产品，尽管在技术上很领先，但是对于消费者来说，完全没有市场认知。普通老百姓压根不懂什么叫脑电波，也从来没有听说过头环、头戴这一类的名词，对于产品的功效，也是怀疑大于肯定。在销售过程中，最大的难题就是要不断向消费者解释"这是一件什么产品，有什么功效"。

经过复盘反思，公司发现一个致命的问题：我们一直在开发那些需要去教育市场的产品。

像Indiegogo、Kickstart这些著名的众筹平台上，每天都有许多新兴的科技型产品上架。这一个个的产品背后，都代表着一家家怀揣着改变世界梦想的初创公司。但是，在众多的科技创新型企业中，真正能跑出来的可以说凤毛麟角。为什么大部分的创新产品没能跑出来呢？他们失败的原因和笔者如出一辙，就是他们所开发的产品，需要去教育市场。

创业公司新产品失败主要有两个原因。

1. 教育市场的高昂成本和时间压力

创新产品往往需要大量的资金去教育市场，让消费者了解并理解它们。对于一个新产品而言，没有竞争对手，可以说这才是最大的问题。没有竞品意味着这是一个不成熟的市场，需要投入大量的营销费用让消费者注意到。有人做过一个测算，在当今互联网时代，想要让一款新产品走进消费者视野的广告成本是1亿元人民币。对于初创公司而言，这是一笔巨大的支出，而且效果并不一定明显。更糟糕的是，教育市场需要时间。新事物的出现意味着被市场接受需要时间，消费者需要一个熟悉和接受的过程。一旦资金耗尽，公司可能会在市场真正接受其产品之前就已经倒闭了。因此，教育市场的高昂成本和时间压力是初创公司必须面对和解决的问题。

2. 初创公司的弱势和被模仿的威胁

创业公司在初始阶段往往非常脆弱，可能没有足够的资源去保护自己的产品不被对手模仿。这意味着其创新产品可能很快就会被竞争对手复制，并以更低的价格或者更好的服务来抢占市场。因此，初创公司可能会很快成为别人的"炮灰"，为他人作嫁衣。这是创业公司面临的另一个巨大挑战。

我们来看看曾经很火的智能健身镜的案例。

2019年前后，市场上开始兴起一种新的产品叫智能健身镜。一面镜子卖几千元甚至上万元，通过AI和海量的课程内容，用户在家就可以通过镜子享受高端的健身体验。当时市场上陆陆续续出现了几家做智能健身镜的公司，Fiture是比较典型的一家。得益于技术的领先，一度获得了红杉、腾讯等一众明星资本的投资。获得资金的支持后，Fiture开始在线下开旗舰店，教育市场。用户其实还处在一个比较疑惑的阶段，健身真的需要通过镜子实现吗？一面智能镜子花几千块钱真的划算吗？此时，智能健身镜这个新的物种对于市场来说太新了。因此，Fiture不断融资，不断烧钱做宣传做广告去教育市场。但是几年过去了，市场接受程度虽然比一开始好了那么一点点，但是Fiture公司的发展状况并不理想，仍然需要靠大量的资金维持运作。

连Fiture这样的明星公司都苦于教育市场，何况资金、人员储备都不足的初创公司呢？

那么，对于初创企业来说，应该怎样避开这个陷阱，找到一条更可行的道路呢？

选择一个已经成熟的市场赛道的细分市场是一个很好的策略。

这不是说我们要放弃创新，而是要更聪明地进行创新。具体来说，我们可以进入一个已经被大公司教育过的细分市场，利用别人的钱和时间，替我们教育市场。这里，我们可以参考Fitbit的经验。Fitbit公司是一家制造健康追踪设备的公司，它并没有选择进入智能手机或者平板电脑等已经饱和的市场，而是选择了健康追踪设备这个相对细分的市场。这个市场虽然之前已经有了苹果、谷歌等大公司的介入，但是也正是这些大公司的介入，花了巨额的营销费用让消费者接受了运动手环这样的新产品。由于市场还处于成长阶段，所以有足够的机会给新的公司。Fitbit依靠其精良的产品设计和用户体验，很快就在这个市场中获得了一席之地，实现了快速的发展。这就像是在别人已经烘烤好的蛋糕上切下一片，而不是从零开始制作蛋糕。

当然创业公司也需要稳扎稳打，专注于打造出高质量的产品。产品是公司与消费者建立关系的关键，只有提供优质的产品，才能在市场中站稳脚跟。

总的来说，对于创业公司而言，避开"争第一"的陷阱，选择成熟赛道的细分市场，稳扎稳打，做好产品，将更有可能走向成功。

最后，还有一点至关重要。对于初创公司来说，产品的简洁性和易懂性至关重要。简单、直接且容易理解的产品才更有可能在市场上取得成功。笔者认为凡是需要三句话才能解释清楚是什么产品的，都不适合初创公司来开发。

以Apple的iPhone为例，2007年iPhone首次亮相时，乔布斯只用了一句话就阐述了产品的核心价值："iPhone是一部手机，一部iPod和一部因特网通信设备。"这种简洁直接的方式不仅让消费者迅速理解产品的功能和价值，而且立即激发了其购买欲望。

因此，对于初创公司来说，保持产品的简洁性和易懂性，是成功的关键因素之一。

　　总而言之，对于一家初创企业来说，技术不是万能的，在产品赛道的选择上如果选择过于新奇的产品，需要花大量的成本教育市场，最终很有可能会导致失败。

第七坑
创业不是为了交朋友

笔者和一位中国科学技术大学毕业的小伙子一起聊天，得知他正准备创业，通过了解，发现其技术背景、商业模式都很不错，唯独在团队这块比较单薄。他说正准备拉自己最要好的发小一起合伙。因为自己是搞研发的，并不太擅长搞市场，恰好朋友在一家跨国企业里做市场营销，所以他极力鼓动朋友离职创业。笔者和他说："如果你做好了失去这个朋友的准备，那么你们可以一起创业；如果你在乎这份友谊，还是另请高明。"

为什么要这么说呢？和自己的亲朋好友合伙创业，很有可能最终连亲朋好友也做不成。商业历史上亲朋好友合伙创业红极一时，最终不欢而散的例子比比皆是。

笔者自己也曾拉好友一起创业，最终落下个不欢而散的结果。

2011年，笔者发现校园最后一公里配送市场潜力巨大，决定创业。但当时苦于没有人手，思来想去还是拉来了自己最要好的朋友一起创办了"邮小二"品牌。年轻的笔者与好友对商业世界充满了热情和向往，两人每天在一起讨论商业模式到凌晨，不知疲倦地打磨产品和服务。但是事情往往就是这样，开始有多甜蜜，结局就有多悲伤。随着业务的越做越大，两人之间的分歧也逐渐多了起来，一场争吵终于爆发，最终二人在这个项目上分道扬镳。后来丰巢柜崛起，要不是这次争吵，很难说我们不会成为最大的最后一公里配送玩家。

和自己的好友创业，创业者很有可能会犯以下几个错误。

（1）你对他真正的能力并不全面了解。你对他的好感来自多年以来的交情。

（2）你总希望他能改变和突破。但其实，成年人是很难改变自己的行为方式。

（3）用所谓的情谊道德绑架。如果他自己并没有一颗创业的心，那一切都是徒劳。

对待亲朋，我们总是很珍惜这份情谊。当朋友有困难，我们愿意两肋插刀；朋友犯了错，我们愿意包容。但商业的世界是很残酷的，商场如战场，在古代，立下军令状，一旦犯了错，那可是要砍头掉脑袋的。在商业世界，一旦出了问题，可能就面临公司存亡的问题。但此时，你能采取什么办法去处理你的朋友呢？是咬咬牙自己扛下所有，继续纵容他犯错，还是大义灭亲，准备和他闹个老死不相往来？不论哪种结果，其实都不利于公司的长久发展。

试问，如果你费了九牛二虎之力说服了你的好朋友加入你的创业团队，此时他拿着一沓毫无依据的几十万元的报销单要你签字，你签还是不签?

在一次重大决策之前，你需要他做一个详尽的调研，但是一周过去了，他给你的答复只是一个简单的PPT，你信还是不信?

第二天有一个重要的客人要约见，但是他因为个人私事误点误事了，你忍还是不忍?

大多数的创业公司活不过三年，很多就死在了内耗上。因为大多数的创业公司起步，就是和自己的兄弟朋友合伙。但是大家从一开始的亲密无间，到后来变得互相猜忌互相怀疑，这是人性使然。你最初欣赏的这个人，可能并不适合与你一起打天下。创业初期，大家都对未来充满幻想，但是在现实中，创业是一条充满荆棘的道路。合伙人之间难免会有分歧和摩擦，这时候如果你的合伙人是你的好友，问题就会变得更加复杂和敏感。

首先，好友之间的情感关系会给合伙关系带来很大的压力。在商业上的分歧很容易侵蚀亲情，一旦出现矛盾，双方的关系可能会受到永久性的伤害。无论是对于个人还是对于创业公司来说，这都是一种巨大的损失。

其次，好友之间往往存在不平等的关系。相应的角色定位和权力分配很可能会影响创业公司的决策过程。在合作中，如果没有公平公正的原则，权力的集中和分配不均很容易引发矛盾和嫌隙，进而导致合作的破裂。

最后，好友之间的默契并不意味着在商业上的合作默契。朋友之间的默契和商业合作中的默契是两个完全不同的概念。在商业上，成功需要更多的专业知识、市场洞察力和执行力。即使双方存在默契，也并不能保证在商业上能够有良好的合作。

那么，作为早期创业者，应该如何规避这些问题呢？

首先，建议大家在选择合作伙伴时要以商业利益为先，而不是以亲情关系为依据。寻找那些在业务领域有共同兴趣和目标的人，他们能够为你的创业公司带来独特的价值和能力。

其次，建立一套完善的公司治理机制和合作协议，明确各方的权责和分工，避免产生不必要的争执和纷争。这样的机制可以帮助大家更好地沟通、协调和决策，从而减少潜在的矛盾。

最后，保持良好的沟通和信任。无论是在商业上还是在个人关系上，沟通和信任都是非常重要的。及时沟通问题，坦诚相待，解决分歧，能够帮助大家保持良好的合作关系。

不要拉好友一起创业并不意味着你不能在创业的路上遇到好兄弟。在创业路途中，我们能碰到很多价值观相同，目标一致的伙伴，随着彼此的相互了解，逐渐成为好友，这样的情谊，就如同一起扛过枪，一起上过战场一样，无比珍贵。

创业是一段漫长而曲折的旅程，成功不仅需要艰苦的努力，更需要正确地选择合作伙伴。

第八坑
决定生死的DNA

　　在现代商业环境中，初创公司常常面临着一个重要抉择：是否要扩大自身的经营领域，进一步进行赛道扩张。然而，这并非一条轻易可以踏上的道路，成功与否常常取决于一个关键因素——企业DNA。

　　首先，要明白什么是企业DNA。企业DNA，本质上是一家公司的核心价值观、文化、能力和经验，是其在特定行业中产生竞争优势的关键因素。对于一家早期的创业公司而言，企业的DNA更多就是创始人的DNA。如果创始人是技术出身，那么这家公司多半以沉稳的技术研发为主；如果创始人是营销出身，那么这家公司的风格多半是偏市场营销化。一家公司如果能根据自身的DNA进行赛道扩张，那么它就更有可能在新的领域中取得成功。

　　阿里巴巴的发展历程就是一个很好的例子。这家中国的电商巨头之所以从一家专注于B2B市场的小公司发展成了全球电商领域的领导者，很大程度上来自其对自身企业DNA的深入理解和精准应用。阿里巴巴的企业DNA中包含了客户导向、团队合作、拥抱变化等元素。这使得阿里巴巴在扩张到云计算、金融等新领域时，能够将其核心价值观念和能力得以有效地应用，从而在新的赛道上获得成功。

然而，忽视企业DNA的重要性，反而可能导致企业赛道扩张的失败。恒大集团就是一个典型的例子。作为一家拥有强大地产开发能力的公司，恒大在地产市场上一直表现出色。然而，当恒大决定进军汽车制造业时，其地产业务的优势并不能转化为在新赛道上的竞争优势。恒大在汽车制造业中缺乏必要的经验和技术积累，这使得其在这个领域中面临着巨大的挑战。恒大造车的失败表明了，违背企业DNA的赛道扩张，往往会带来失败的结果。

对于初创公司来说，如果想在进行赛道扩张时取得成功，就必须深入理解和应用自身的企业DNA。只有这样，公司才能在新的领域中找到自身的竞争优势，避免因为忽视企业DNA而导致失败。在这个不断变化的商业世界中，唯有坚守自我，才能迎接新的挑战，取得持续的成功。

笔者在创业过程中，因为忽略了DNA这一重要影响因素，同样也付出过沉重的代价。

2017年恰逢教培市场打得火热，"VIPKID""火花思维""猿辅导""作业帮"等各种教育类品牌层出不穷，并且获得资本市场的高度追捧，千万上亿的融资每天都在发生。此时，笔者团队注意到有一类儿童注意力训练课程也获得了资本的青睐，这正好与公司的技术可以做结合。经过一番调研，公司决定切入教培市场，成立自己的儿童注意力训练品牌——"水滴专注力"。于是，一帮以工科男为主的团队，开始开发教育类产品，这也为该项目的创业失败埋下了隐患。

　　总结复盘，笔者团队曾把品牌带到一定的高度，但是究其失败的根本，除了有相关政策的影响之外，更重要的还是团队基因所致。笔者创始团队的基因，不允许公司涉及教育类的赛道。

　　笔者的创始团队，除笔者是商科之外，全是浙江大学的工科生，对于科技类产品抱有极致的幻想和追求。笔者至今还记得项目启动之初，管理层召集所有的员工一起，问："大家觉得教育的本质是什么？——是教书育人。"可是一大帮工科生组成的创业团队，哪懂什么叫真正的教书育人？在后来的创业过程中，团队碰到了太多的问题总是与自身的基因格格不入，最终导致了项目的失败。

　　笔者公司高层当然深知团队的重要性，所以在决定进军教育市场后，公司花了大量的时间组建了一个由浙江大学教育学博士为首的课程开发团队，也花了大量的精力挖来了有多年教培行业经验的课程顾问来拓展市场。但是当团队组建完成，公司才发现这是矛盾的开始。从一开始勾勒美好愿景时的向往，在实打实落地的时候都变成了各种激烈的碰撞和争吵。以教育学博士为主的团队成员，是饱含教育情怀的，他们认为儿童注意力不足的原因多种多样，不仅应该在儿童身上找原因，更应该在家长身上找原因，应该设定亲子课程，拉长整个教育链路，才有可能解决儿童注意力缺失的问题。但是出身工科生的团队成员以产品为导向，认为只要有技术解决方案，并把它产品化，家长就会付费买单。虽然双方都在解决儿童注意力缺失这个问题，但是双方的出发点根本不同。一方认为应该用传统教培的方式，一对一授课；另一方认为应该开发通用的技术产品，大规模复制开班。当然最终的结果，不得不承认我们干不了教育人所干的事。教育的确是需要热忱和情怀的。在我们这群人眼中只看到了教育的市场，却忽略了教育的初心，所以当我们看到这群有注意力缺陷的孩子时，我们的眼中并不是责任，想得更多的是如何让家长付费买单，所以这就违背了教育的初衷。

这是一个惨痛的创业经历。我们创始团队的成员，没有一人拥有做教育的基因，但是却因为看到教育市场的潜力，选择长驱直入。不符合基因的事情，注定是要失败的。

这次失败告诉我们，一个创业团队必须具备与其业务相匹配的基因，包括创始人和核心团队的专业知识、经验以及对于行业的理解等。当公司进入商业化运作的阶段，如果创始团队无法应对各种复杂问题，那么公司可能会陷入困境，甚至走向失败。

因此，作为早期创业者，在决定进入一个新的赛道之前，必须首先深入思考和分析自己团队的基因是否与这个赛道相匹配。如果团队基因中缺少了必要的元素，只看到市场机会而决定创业，可能并不是一个好的选择。

总的来说，公司的生死存亡并不是由外部市场决定的，而是由内在的创始团队基因所决定。只有当你们的团队基因与你们选择的市场和业务模式相匹配时，你们才有可能在创业的道路上走得更远，走得更稳。

创业公司相较于大厂来说就是船小好掉头，有很多可以尝试并且迅速切入的赛道。但是在决定开展某项业务之前，千万别忽略重新审视公司本身的DNA，其本质上是创始团队的DNA，往往创始团队的基因，决定了团队是否有这个能力应对这个复杂多变的商业环境。

　　所以，创业者在开始启动某个项目之前，一定要好好思考，自己要做的这件事，是否符合这个创始团队的基因？这里的基因包括了创始人基因、合伙人团队的价值观、热情、项目组的背景和资源等。如果上述这些都没有，只是纯粹看到一个能赚钱的市场机会，千万不要进入。

第九坑
没有销售业绩的价值观考核都是画饼充饥

很多创始人为了更好地进行公司管理，调动员工积极性，开始模仿学习一些大公司的管理考核机制。最著名的当属阿里巴巴的"价值观考核"。

笔者的初创公司也曾在早期阶段学习效仿过。作为一家研发导向型的公司，前期需要靠不断融资保证公司的正常运转。在这种情况下，公司的销售成绩并不突出，也并没有在销售队伍上下功夫，更多的是依靠CEO、合伙人自己跑业务拿订单。

但这种现象在大部分的科技创业公司特别常见。初创阶段需要靠合伙人自身去拓展业务，并未搭建成完整的销售体系。

在此情况下，经过公司几个合伙人多日的讨论，终于制定好了公司的价值观：客户第一，团队合作，拥抱变化，本分。并且对价值观的每一项释义都进行了充分解释和案例分析。公司决定每半年进行一次价值观考评，考核的成绩和薪资绩效挂钩。

实施第一次价值观考评后的第一个月，公司内部的文化的确有了改善。员工更乐于奉献了，大家抱怨的声音变小了，都朝着同一个目标前进。但是随着时间的推移，问题开始慢慢显现出来。

公司的销售业绩没有做出来，也就是说公司的现金流状况并不理想。到了年底需要兑现考评结果的时候，那些拿了高分的同事并没有及时兑现奖励。

这样导致员工对价值观考核的意义产生了怀疑。公司经常会听到"反正考评了也没法兑现承诺，还有什么考核的必要"这样的声音。员工逐渐对价值观失去了耐心，开始变得不重视，员工的积极性开始降低，副作用显现了出来。

因此，这件事所带来的深刻教训是：没有持续性的现金流业务，先不要搞价值观考核。大家先统一目标，大力搞创收。等营收规模上来了，订单稳定了，再实施价值观考评。不然，没有销售成绩的队伍，没有奖励的动力，价值观也失去了它的作用，变成一种假大空的画大饼行为。

尽管设定价值观和规章制度有其重要性，但对于初创公司来说，更为关键的是明确商业模式并确保持续的现金流。缺乏稳定的营收和销售，任何形式的奖励和价值观考核都将变得无意义，仅仅是无法兑现的承诺。一旦员工无法看到切实的回报，他们可能对公司的价值观和承诺失去信心，进而影响整个团队的士气。因此，在初创阶段，公司应以找到稳定的营收来源为主要任务，为员工提供具体的物质奖励。明确目标搞创收。只有当公司的营收和订单稳定、现金流充足时，才能有效地实施价值观考核。否则，空头的承诺只会变成毫无意义的"画饼充饥"。

第十坑
不讲盈利，只讲社会价值的创业都是泛泛而谈

笔者去参加高校大学生的创业大赛，经常碰到这样的奇怪现象，创始人一上台，就本着一副要救济天下苍生的姿态，说自己所做的这件事是要为社会创造价值。从个人修行的角度，利他、向善当然是一件很棒的事情，但是企业不是寺庙，不是道观，不是非营利组织。很多创始人自己都还没想明白为什么要做这件事，一上来就说要为这个社会创造价值，这似乎变成了早期创业者的一种通病。

企业的第一要义就是要盈利，要生存。只有生存没什么大碍了，员工们都吃饱饭了，不闹饥荒了，才到了企业社会责任的层面，才要考虑作为一家已经盈利的公司，能为社会做点什么。最后，才是企业考虑为社会创造什么真正的价值，是推动某个行业的变革，创造出某种工具降本增效，还是引领某个导向，让社会往更美好更健康的方向发展。

所以说企业的发展是分步走的。笔者以前碰到一些刚毕业的大学生，说自己不图钱，创业的目的是为了社会创造价值。与人为善，助人利他一直是好事，但是做企业的本质是要盈利。企业要有使命，但是光有使命，不赚钱，就永远达不到你所设定的愿景，

反而成了泛泛而谈。

举个例子，笔者之前碰到过一个初创企业的创始人，做的是老年健身器械。我问他的愿景是什么，他开口就说我们要让全社会的老年人更健康。但是盘算了一下盈利模式，发现前几年都是重资产投入，可能三年都没办法回本。理想很丰满，为老年人创造价值，但是企业可能没到半年就经营不善了，还怎么创造价值呢？所以真正的价值创造，要在基于企业盈利的基础上，源源不断，持续性地输出。

所以创业者在融资的阶段，不用为了刻意强调使命而故作深沉，我反而更愿意听到那些直白的创业者，我就是要赚钱，要盈利。创业者只需要把怎么赚钱的模式说明白、理顺清楚逻辑就可以了。

但是，创业不完全等于做生意。

笔者有个朋友说起他的创业项目：数字人直播带货。他说只要申请一个数字人账号，就可以24小时不间断直播，一天可以挣个小几千，好一点的可能月入过万。他问我这个创业项目怎么样。

笔者认为这顶多只能算是做个生意挣个钱，大学生能不啃老，想法子挣钱那是好事，但是要创业，本质上还是大不相同。

很多的早期创业者，其实大都没明白做生意和挣钱到底有什么本质区别，所以在项目启动之后呈现出过山车似的态势，有一开始顺风顺水扶摇直上月入斗金，然后戛然而止的项目，也有一开始就萎靡不振没过三五天就没了的项目。究其本质，重点还是在于创始人的初心上：你为什么要做这件事。

这是一个非常值得所有创始人思考的事情：是要创业，还是单纯赚个快钱。前者在于稳，在于蓄势，在于滚雪球越做越大，突出一个"业"字；后者在于快，在于利，突出一个"险"字。

笔者在读大学的时候，也折腾过事，但笔者只能把它定义为做生意。在下沙大学城，笔者摆过地摊，卖的是大学生的生活必需品，从义乌小商品市场进的货，到大学城卖；还在理工大学门口摆过烧烤摊，这些都是倒买倒卖的生意，所以它不长久，可能有风险，台风来了，生意就做不了了。这些都是阻碍你做生意的因素。但是如果是创业，就要想清楚：要做一件什么事？和谁在一起做这件事？做这件事的价值是什么？解决了什么社会问题和痛点？你们准备打算共事多久？还需要别的股东支持吗？等等。一旦把这件事当成事业，那考虑的角度就完全不一样了。

笔者在读大学的时候做生意的初衷很简单，因为我父母不给额外的生活费，所以只能自己挣。

但是如果笔者当初想创业，那就不是为了解决没钱的问题，而是有一种更崇高的使命感，推动自身往前组建团队，去解决这个摆在眼前的机会痛点。

所以年轻人在出发前，一定要多问自己几遍为什么要做这件事。

创业与做生意在许多人的心中往往混为一谈，但实际上，这两者在本质上有着明显的区别。做生意更偏向于日常的交易和盈利，其核心是利润的获取，对业务的长期性、可持续性并没有过多考虑。做生意关注的是现在，是快速的回报和短期的成功。

然而，创业却是一个完全不同的概念。创业是对一个商业模型的长期投入和承诺，其核心在于创造价值和解决问题，而非仅仅是获得利润。创业关注的是未来，是稳定的增长和长期的成功。创业者需要对他们的事业有一个清晰的愿景和目标，需要围绕这个目标去组织资源，寻找合作伙伴，承受风险，以期在未来实现更大的价值。

这一区别是需要所有初创者深思的。创业和做生意的目标不同，对应的策略、风险、责任以及回报也大相径庭。在决定要做一件事情时，需要清晰地认识到自己的目标：是想通过这个项目快速获得金钱回报，还是希望解决一个社会问题，实现长期的价值。只有在清晰认识到自己的目标后，才能选择最合适的战略和路径，为自己的事业做出最好的决策。

第二章

初创公司十大窍门

第一招
如何搭建初创团队

俗话说，滴水不成海，独木难成林。

纵使创业者个人拥有超凡的"武艺"，倘若身旁没有队友强力的输出支持，也很难将事业做大做强。

从一开始，创业者就要把组团队、搭班子作为自己创业起步的重中之重。雷军说，找人是创始人最重要的工作。创业成功最重要的因素是什么？最重要的是团队，其次才是产品，有好的团队才有可能做出好产品。没有团队的单打独斗终究不长久。那应该如何才能打造出一支优秀的创业团队呢？

一、寻找志趣相投的人

公司初创阶段，需要寻找志趣相投的合伙人，而不是能力互补的合伙人。

这是为什么呢？道理其实很简单：兴趣可以持久，钱不可以。

因为钱而聚到一起的，只能被称为赚钱合伙人。创业道路艰且险，如果合伙人因为赚钱和你走到一起，那么很有可能因为公司的经营不善或者迟迟没有盈利而散伙。

很多MBA的课程或者创业训练营在教授创业技巧时，会让创始人注重团队配置。比如说创业者特别擅长做产品，但是创业者想要一个特别会做营销，或者是会融资的人来成为合伙人。理论上，这种团队的搭配是最好的，也是最有利于公司发展的。但是在组成这个团队之前千万别忽略一点，就是一定要先到找那个志趣相投的合伙人。

志趣相投，意味着这个人不是因为名，不是因为利，而是和你有着共同的兴趣和目标，大家做一件每天早晨睁开眼睛就想干的事情。

简而言之，先找一个能够和你互相打鸡血，喂鸡汤的合伙人。为什么呢？因为创业最难的阶段是从0到1的阶段，搭台子是最困难的，大部分的创业者还没到找互补的人手搭班子唱戏的阶段，就已经放弃不干了。这时候你身边有一个互相鼓励支持的合伙人尤为重要。

合伙人能力不足可以去补充，但是志趣不相投，很容易散伙。那些志趣相投的人，虽然他们在能力上有重合的部分，但是他们会为了达到一个目标共同努力，这就是合伙的真正意义。

笔者创业团队早期的几名成员，不是为了能挣多少大钱，不是为了董事长、CEO这些虚名，而是都怀揣着想要让"脑机智能走进千家万户"的初衷，秉着做出优秀好产品的理念，大家紧紧地团结在一起。公司发展的每一个阶段都是荆棘密布，好几次都到了濒临死亡的地步。之前有朋友表示不理解，凭借你们几人的学历背景，要谋求一个高薪的工作不是轻轻松松吗，何必要苦哈哈地折腾这些大家看不懂的东西？也许正是相同的价值观、相同的信念才能支撑着公司团队闯过一个又一个难关，携手走过9年的光阴。

创业初期，当公司还没有什么名气的时候团队就一味追求在能力上互补的人，这会消耗掉彼此大量的时间来磨合，到头来发现这些人的价值观理念都与团队不符合，但是又白白浪费了时间，这是一种很不经济的行为。反倒是因志趣相投而组成的团队，早期虽然能力并不满足要求，但是大家愿意主动牺牲、主动学习，志趣相投就好比是润滑剂，能让公司的齿轮磨合得越来越和谐。

所以，当志趣相投和能力互补发生冲突的时候，首选志趣相投。这里是很多创业者容易犯错的地方，需要大家注意。不过如果能在志趣相投的基础上找到能力互补的合伙人，这自然是最佳的状态了。

二、注意合伙人的品性

创业者在与人合伙创业的时候，一定要注意合伙人的品性。因为很多合伙人是中途加入，你对他的品性其实也是一知半解，并没有摸排调研得很透彻。大部分的创业者也会因为病急乱投医，只是看到了这个人身上的某一性格特征符合公司当下的需求，但是忽略了他身上还有不容易观察到的不良品性，这是许多创业者需要引起警觉的地方。

这几类人，切忌合伙创业。

第一类，没有定力的人。没有定力意味着这个人的心很浮躁，做事情一定也不会踏实。哪里有一点蝇头小利可能就会被吸引过去。这也意味着很容易放弃手里在做的事情。有定力的人，是自律的。并非说每天准时睡觉，或者每天坚持跑步就是自律，而是他对自己的生活很有计划和目标，你能看得出他对生活的坚持与执着。还有一点，定力意味着原则和底线，他可能不知道自己能做什么，但是一定知道自己不能做什么。

第二类，近女色爱赌博的人。这可不是危言耸听，我们生活中这样的人大有人在，他们平日里表现出一副正经人模样。这种类型的人很难管住自己的欲望，很难抵制住诱惑，所以和这类人在一起创业，风险系数极高。

第三类，频繁换职业的人。频繁换职业，说明这个人在本行业内没有深耕，也很难积累行业经验和资源。这也说明这个人不是很专注，三天打鱼两天晒网，遇到坎坷可能比较容易放弃。创业路上几乎每天都有坑，万一和这类人一起创业，你会发现当你们面临生死抉择的时候，他可能是第一个打退堂鼓的人。

第四类，说的比做的多的人。生活中你有没有发现，经常有一类人在大家讨论意见的时候滔滔不绝、长篇大论，俗称"理论派"选手，但是真要他拿个落地可行的方案的时候，他却手足无措。这类人基本是"事成分果实，事前不出力"的典型代表。

这类人总是在纸上谈兵，很难落地。

三、合理搭配团队成员

一个创业团队中，怎么样的人员配置会比较好呢？

第一，男女搭。俗话说，男女搭配，干活不累。一个团队的核心成员要有男有女，在初创阶段的男性，总是抱有宏大的愿景和理想，所以在开会做决策的时候经常会出现一些好大喜功、自以为是的头脑发热行为，团队中有女性成员，更容易多问几个"为什么"和"怎么做"，更容易把男性创业者的那股傲气劲儿收一收，变得更脚踏实地，这就是女性创业者为企业团队带来的好处。

第二，老少搭。老少搭其实意味着经验的切磋。老一辈阅历更丰富，表达更沉稳，经常可以起到一个"更衣室队长"的角色。上场冲锋陷阵可能需要靠年轻人，但是当公司出现危机，或者重大决策的时候，有一个经验阅历丰富的"老兵"，更能够稳定军心。当然，对于一个以大龄创业者为首的团队来说，也需要找一些年轻的合伙人增加团队活力。马云1999年创建阿里巴巴时已是35岁，比现在绝大部分的创始人年纪要大，但他35岁之前也没带过公司，没带过团队，他找了52岁的关明生，做他的第一任COO。老少搭的标准很简单，差你十岁以上，要么比你大十岁，要么比你小十岁。一代人差一代人，老少搭不一定总要找个年纪比自己大的，你找个年纪比自己小十岁的也可以。

四、寻找愿意追随你的员工

一个初创公司有了合适的核心成员以后，找到愿意追随你、信任你的骨干员工非常重要。

在公司没有知名度的时候，很难找到能力很强的员工。因为能力很强的员工也不愿意到一家小公司冒险，万一公司失败了，自己既浪费了时间也没赚到钱。

找到一两个不完全看中工资，但就是愿意跟随你干的员工很重要。大多成功的公司，总有一两个从一开始就追随创业者直到上市的员工。这个人不需要是某个专项人才，只要他愿意追随你，甚至是做做行政打杂的工作都可以。创业者每天要面临很多挑战和困难，创业者也很需要精神食粮不断地补充自己，此时有一两个忠诚的员工，也是你前行的动力。

"每日互动"的老刘就是笔者朋友圈里为人所津津乐道的典型例子。在"每日互动"创业的早些时期，老刘负责行政后勤工作，端茶倒水，脏活累活一并干。不管公司发展怎么困难，老刘都跟在创始人方毅身边。曾经有一段时间"每日互动"面临企业危机，老刘象征性地领一块钱的工资，陪着方毅一起渡过难关。最终"每日互动"成功上市，老刘也实现了财富自由。

以上四点，能够帮助创业者在初期组建好一支出色优秀的团队，一个靠谱的班底。

第二招
如何让初创团队更具凝聚力

万事开头难。一家公司在最早期的阶段骨骼尚未健全，羽翼尚未丰满，是最脆弱的。光靠创始人一人的单打独斗肯定难成大事，那么初创公司的老板应该怎么做，才能调动一切有生力量，保持队员们的创业积极性呢？

一、去"总"文化

去"总"，就是说公司内部在称谓上，不允许员工叫上级领导"××总"，而用花名或者英文名取而代之。

"去总化"并不是什么新鲜事儿。周鸿祎曾在360内部严厉杜绝叫"总"；罗永浩也曾提过"不能叫罗总，公司的官方称谓是罗老师"；顺丰航空为了塑造平等和谐的工作氛围，也曾正式走向"去总化"道路。在顺丰内部，大家对总裁级的高层可以称呼英文名；最典型的就是阿里巴巴，公司内部实行以武侠文化取花名，像"风清扬"马云、"逍遥子"张勇等。

"去总化"的好处从长远来看，会在公司内部形成一种氛围，原来的层级关系逐渐弱化，有利于推动扁平化管理，从而让内部上下级沟通变得更加流畅和高效。随着"去总化"深入推进，这种氛围会培养起来。

"去总"文化更适用于早期创业阶段的企业，因为早期阶段公司的商业模式，业务形式都还处于探索阶段，纵使创始人拥有再强的个人能力，也和普通员工一样，大概率会犯错。正所谓众人拾柴火焰高，创始人需要调动所有人员的积极性，要让员工敢发声，敢提问，敢质疑，一遍又一遍地打磨问题，在内部犯错总比在外部犯错失利要好。

二、大事集权，小事放权

笔者听到过很多初创公司的员工抱怨自己的老板：该管的要管，不该管的也要管。

看上去事无巨细，什么事情都亲力亲为都要过问，但实际上会影响员工的积极性。员工会觉得，反正不管自己做什么，最终决定拍板的还是老板，那自己也不需要那么拼了。

对于一些大企业来说，在极其稳定的机制下，员工丧失积极性可能一时半会儿影响不大，但是对于初创公司而言，员工缺乏积极性，基本上就等于下了病危通知书。初创公司的老板不是被外部拖垮，实际上是被内部员工拖垮。对于很多初创公司的老板而言，一开始自己的能力并没有比员工强出多少，但是正是因为顶着老板这个头衔，所以要表现出老板的样子，这往往会造成很多负面影响。员工没有积极性，所有的主意、决策需要老板一人拍板，被累垮是必然的。

所以在战略层面上，老板要敢于下决策，敢于发号施令，创业公司的优势就在于船小好掉头，就算最终结果不理想，也能快速调整策略重新再来。但是对于一些不是特别重要的事情，要充分授权给员工，要允许员工犯错误。硅谷为什么盛产独角兽？因为硅谷的创业团队里全员皆兵，经常可以听到他们说的一句话是"It's ok to fail"，老板对失败的宽容态度，使得人人都跃跃欲试，都想为公司做出自己的贡献。

那么在这种文化环境下，老板在该糊涂的时候糊涂，该精明的时候精明，反而更有利于调动公司员工的积极性。

三、论功行赏，不画大饼

初创阶段的老板，切忌一直画大饼，却没有实际性的奖励。

网上经常看到阿里巴巴刚开始创业时，马云对大家的"洗脑"，大家其实看到更多的是他宣传使命愿景价值观的部分，但是忽略了他及时行赏的部分。

人性是很现实的，对于大部分的员工来说，当好打工人是他们真正的目标，有钱赚，有收入。未来企业的发展到底能到什么高度，对于他们来说其实是比较模糊的。

我见过很多会画大饼的老板，好不容易公司有点业绩，老板不舍得花钱奖励员工，说是要把资金留存起来投入发展运营。但是员工很现实，哪里有钱赚就去哪里，这样就很容易导致公司业务骨干人员的流失。

当年的草莽刘邦创业打天下，在什么都没有的情况下，他愿意把所获的一点战利品分给手下，让将士们既能解决当下温饱问题，又对打胜下一场仗有了期待，从而誓死追随在刘邦身边。

所以对于初创公司而言有些钱能省则省，但给员工的工资、奖金、绩效一分都不能少。在温饱的基础上谈理想谈未来，才有想象空间。

无疑，初创公司的老板在带领团队方面面临着许多挑战。为了增强团队的凝聚力，他们应当去除严格的等级制度，采用扁平化的管理模式，以鼓励员工的创新和交流；在决策中实施集权与放权相结合的策略，大事上亲自领导，小事上信任并赋权给员工，让员工感受到参与和责任感；最后，通过实实在在的奖励，而不仅仅是口头上的承诺，来激励员工的工作积极性。创业公司的成功，既依赖于领导者的远见卓识，也依赖于团队每个成员的全力以赴。因此，建立一个高效、动力充沛的团队，对于任何初创公司来说都是至关重要的。

第三招
如何运用MVP思路进行创业

　　创业公司最难的就是0到1的阶段。这个阶段充满各种不确定性。人员、时机等各种影响因素稍有不慎可能就会导致生死抉择的局面。那么在诸多不确定性因素之中，我们应该怎么做，才能逃出生死呢？我们可以选择采用创建MVP模型进行商业验证。

一、什么是MVP

　　MVP（Minimum Viable Product）是最小化可行产品，这款产品具有最小化和可实行两个特性。换句话说，这是一款麻雀虽小五脏俱全的产品。

　　比如现在要造一部智能手机，不应该先设计面板，再设计电池，再设计接收器，这样每一个步骤，都不是最小化和可实行（零配件而非通信工具）。而是应该从传呼机开始，然后大哥大，然后小灵通，最后才是智能手机，因为每一个阶段的目标，都是最小化和可实现（通信工具）。

其实，我更愿意称MVP为最小可行性模型，因为这本质上是一个商业闭环。用最小的代价、最快的时间，验证一个产品的商业可行性。验证该模型可行的最直接的方式就是有交易产生，有人付费。

二、创业公司采用MVP模式起步的优势

因为这样的模型，是用最小的代价进行试错。

这其实是一种变相的零成本战略。零成本不是说没有成本，而是相对所有的投入而言，这种投入规模可接受，并非动辄几百上千万元的投入，试错成本很低。

说得更直接一点，就是要做的这件事情，先把能不能赚钱、能不能规模化增长做个估算。如果可行，再把核心流程做出来测试验证。核心流程不需要做到尽善尽美，只要能证明逻辑可行，那就说明这个模式可行。

三、MVP如何搭建

第一步：建立核心业务的逻辑。

比如，要开电商培训班，那核心业务就是招生。有老师，有

教材，有学生，只要有学生愿意报名付费，那么业务模式即可完成。先不要拘泥于在哪开班，用金牌教材还是普通教材，学费的价格是100元/小时还是150元/小时。核心关键是只要有学生付费，无所谓在哪开班，模式就成立。

第二步：设定里程碑事件，制定MVP验证指标。

一旦确定了核心业务逻辑，找到了关键，接下去就要设定指标。比如在1个月内招到100名学生的目标。

第三步：锁定单一目标客群。

有很多新业务新产品都想做多个受众品类或者受众人群，但是没有必要。因为不同受众的获客渠道不一样，渠道一多就会延伸出新的问题，从而增加验证成本。拿电商培训班为例，如果我们圈定英语系的在校大学生为受众群体，我们就可以专注在跨境电商，直播电商不做，淘宝电商不做。

第四步：做好过程管理与复盘。

在为期一个月左右的测试过程中，要做好过程管理，每天统计交易数据、交易成本，每周做一次复盘总结。

美国的旅行房屋租赁平台Airbnb的创始团队在一开始创业时，采用的就是MVP的逻辑验证市场。当时其面临的问题是如何帮助人在短期内找到住宿。当Airbnb创始人们想要验证出租空余房间的想法是否能够行得通时，他们采用了MVP（最小化可行产品）的模型。

首先，Airbnb的核心业务逻辑是让有空余房间的房东能找到愿意租住的租客。因此，团队并没有在一开始就去建设一个完整的在线平台，而是以一个简单的网站开始，将团队自己的公寓作为可租的房屋。

其次，Airbnb 设定了里程碑事件，制定 MVP 验证指标。

Airbnb 的初始验证指标是在一周内，有100人通过其网站找到并租下房屋。这是 Airbnb 初始的 MVP 里程碑。

再次，Airbnb 开始锁定单一目标客群，他们把目标客群锁定在旧金山那些参加大型活动并寻找便宜住宿的18~22岁的年轻人身上。

最后，Airbnb 每天密切关注租赁情况、客户反馈等关键数据，并根据这些数据进行复盘总结，了解哪些地方做得好，哪些地方需要改进。

通过这个 MVP 的模型，Airbnb 成功地验证了他们的商业模型，进一步发展出了今天我们所看到的全球范围内的租赁平台。

当然，在这个快速变化的世界里，唯一不变的是变化。需要有勇气面对未知，有决心去解决问题，有智慧去从失败中学习。MVP 只是创业路上的一把工具，关键的是如何使用好这个最小化可行产品。

第四招
0到1阶段，能花钱解决，就别花时间

很多人都说创业需要"勒紧裤腰带过日子"。

无可否认，对于初创公司而言，资金短缺往往是一道难以逾越的鸿沟。未稳定的业务模式、萌芽状态的造血能力以及瞬息万变的市场环境，都可能让创业公司陷入失败的边缘。

作为一位聪明的创业者，在公司产品从无到有的0到1阶段，应该摒弃那种坚持自我研发所有产品的固执观念。相反，将有限的资金投到最需要、最具价值的地方，换句话说，那些能用金钱解决的问题，就不要浪费时间。

一、为什么能花钱就别花时间

首先，对于创业者来说，资金并不仅仅是一个单纯的财务概念，而是一种能提升效率的强大工具。"天下武功，唯快不破"，创业也一样，谁占据了先发优势，谁的成长速度更快，那么谁就更有可能掌握先机。在初创公司的运营中，时间的价值超乎想象。

人们常常会发现，越是试图节省资金，结果越是无法制造出高质量的产品。这是因为资金的投入往往能带来技术的提升和效率的提高。所以，资金在这里就如同一种工具，它的存在意味着人们有可能以更高的效率去实现目标。

其次，对于处于从0到1的阶段的初创企业，所需要的并不是大刀阔斧地创新，而是巧妙而深入地改良。这个阶段的目标是寻找市场空白，实现"人无我有"，或者在竞争激烈的市场中实现"人有我优"，能做到这两点，就已经抢占了市场的先机。

无论是QQ还是淘宝，在最开始的阶段都不是一款原创性的产品，而是基于ICQ和Ebay的基础上，取其精华去其糟粕，让产品变得更好用。在这个过程中，两者创业初期并没有发明全新的社交媒体形式和购物形式，而是对现有的模式进行了微妙而深刻的改良，快速抢占市场，从而成功抓住了年轻用户的心。

那么何时才能开始大规模的创新呢？我认为，当公司过了从0到1的阶段，稳定下来后，可以开始进一步创新。这个阶段，公司可以逐步建立自身的竞争壁垒，或者我们常说的"护城河"。以Netflix为例，在初创时期主要是依靠邮寄DVD来与传统电影租赁商竞争，但在稳定发展之后，它开始投资制作原创内容，打造自己的内容"护城河"，最终在流媒体市场占据了领先地位。

所以，初创公司创业初期应以改良为主，随着公司的成长和稳定，再逐步加入创新，从而巩固并扩大自己的市场地位。

最后，一定要明白"活着"是初创公司的第一要务。只有当创业公司成功维持了自身的存在，才能开始谈论财富的积累和价值的创造。创业绝不应该成为一种自我实现的过程，或者仅仅是一种情怀的追求。很多的创业者，为了实现自己的创新梦想，一味地专注于产品的研发，过度沉浸在情怀之中，却忽视了公司的生存和发展。如果我们置身于风起云涌的创业环境，忽视了公司的生存现状，盲目追求创新或情怀，那么不论我们的初衷多么崇高，结果往往是企业的衰败和消亡。

因此，创业的过程中，创业者必须始终保持清醒，将公司的生存作为首要的任务和目标。只有在这个基础之上，才有可能去实现创新，去创造价值，去实现自己的创业梦想。

当然，"能花钱就不要花时间"并不意味着无节制地花钱。这是一种策略性的资源配置，是在创业的0到1阶段对效率和效益的明智考虑。关键是要把资金投到关键的地方，这就是我们常说的"把钱花在刀刃上"。

二、创业阶段不能省的钱

1. 凡是能帮助公司节约人力成本的资金，大胆投入

比如，公司要开发一套AI培训课程。按照创业团队的配置来说，可能需要5名成员和半年左右时间的开发周期。假设每名成员的劳动力成本为1万元/月，那么整个课程产品开发完成的显性成本为30万元。应该怎么做才更具性价比呢？理论上来说，只要市场上有一款AI培训课程的成本小于30万元，我们都可以采购，

并在此基础上进行改良优化。

2. 凡是能帮助公司提升工作效率的花费，果断投入

举个例子，公司打算购买一些设备或工具，采购人员会面临这样的选择：买一个质量较好但价格较高的产品，还是买一个便宜但可能会浪费更多时间去维护的产品？在这种情况下，便需要评估是否有足够的时间去处理可能出现的问题，或者这个时间是否可以用来做更有价值的事情。

Google创业初期，选择了购买性能更好但价格较高的服务器，从而省去了大量的维护时间，这个选择让其有更多的时间去研发更好的搜索引擎，最终取得了成功。

三、创业阶段哪些钱不能花

凡是无法带来创收的开支，都需要节制。

比如很多创业者为了企业形象，一开始就把公司设在高端的写字楼里，高昂的租金、装修费用并不能为公司创收带来实质性回报。

很多创始人出差讲究体面可能会选择入住星级酒店。但是住得舒适并不会为公司带来创收，因此在差旅上，同样要节制，不能铺张浪费。

对于初创公司来说，无论公司是大是小，无论有多少资金，都只有一天24小时的时间。创业者可以选择用这些时间去节省资

金，也可以选择用这些时间去创造价值。记住，时间是最宝贵的资源，不要轻易浪费。初创阶段，并不是说抵制创新或忽视研发，而是要懂得在创业初期，如何更有效地利用资源，盘活资源，取得0到1阶段的最优解。

第五招
与竞争对手共舞

笔者此前结识了一位初创公司的创始人，胖力科技的李震宇。他于浙江大学物理系毕业，在校期间就创办了胖力科技，与另外四位合伙人一起，专注于触觉数字化技术的研发。笔者和震宇约定好时间，登门学习调研。

李震宇在笔者进入到工作室前与笔者一行签署保密协议，保证不拍照、不外传，签署完毕之后才准许进入。这次的交流，给笔者很大的一个感触：李震宇团队技术实力走在行业前列，但是他们更担心自己的技术会被复制抄袭，所以对待市场的策略还是偏谨慎、偏保守。

其实李震宇这个团队和笔者的脑科学的创始团队很像，都毕业于浙江大学，都是在校期间组队创业。高校大学生创业团队普遍有个特点，在技术科研上有一定的优势，但是在市场竞争，或者说商业战略上还有一些经验不足。

笔者就以这些年创业下来总结的经验，谈谈对于竞争对手的看法。

一、进攻就是最好的防守

对于一家初创公司而言，进攻就是最好的防守。因为当自家公司的规模尚小，是无力防守的。看过篮球比赛的都知道，一个2米的运动员和一个1.7米的运动员在一起对抗，1.7米的运动员能防守得了这位2米的巨人吗？肯定是防不住的。但是，如果选择进攻，就还有获胜的机会。如果你只选择防守，你永远赢不了，甚至会被对手轻松完虐。这就好比大厂想要吃掉一个初创公司的市场，初创公司仅凭之前申请的专利，就能规避这件事情的发生吗？肯定不行。拥有丰富经验和资源的大厂可以通过各种手段和技巧，拿到其想要的结果。所以故步自封，光靠防守，是永远赢不了这场战役的。

笔者的回车科技在早年间创业做脑机接口技术研发的时候，我们总觉得这是公司独有的核心技术，也总是想方设法保护公司研究成果，请律师拟了一大堆保密条款，防止核心技术泄露之类的，后来发现对于初创企业而言，不是公司要不要保护核心技术的问题，而是除了公司团队之外，还有一些高校的科研团队也在研发同类的技术，我们并不是市场唯一的选择。华为、科大讯飞、腾讯等大厂早就来尝试过类似的技术，如果他们决定入场，小公司根本没有还手的余地。

脑机接口这个赛道有家公司叫强脑科技，同样也是做脑机接口技术的开发。早年间脑机接口的创业题材比较好，强脑科技也有一定的技术储备，所以获得了一些融资。强脑的技术实力一定不是行业内最顶尖的，但是他们把重心放在了营销推广上，请来了郎朗等明星给他们做宣传，通过一系列的手段逐渐形成了自己的行业影响力，目前已晋升为独角兽企业。

笔者并不是鼓吹包装宣传的重要性，而是认为对于一家有硬实力的公司而言，需要通过整合各方面的资源，把企业影响力做起来，这样才能吸引到更多的人才、资金支撑公司去研发投入，才能建立一个完整的商业闭环。现在是互联网时代，"酒香不怕巷子深"的时代已经过去了，所以对于所有的创业公司来说，不要想着怎么防范人家抄袭了自己的技术专利，而应该把重心放在深耕本身技术，做大做强，同时扩大团队知名度上，让外界知道你们正在做这项技术的研发，要让大家把目光聚焦到你们身上。

二、一个巴掌拍不响，不如与对手击掌

仿造，是市场上常见的现象。

网上有一个很经典的LV品牌的营销策略。经过缜密的测算，LV集团决定停止打假。LV发现，造假的人给LV做出的贡献，比他们带来的损失要高得多。LV在人们心目中是奢侈品，普通人是用不起这个品牌的，但是随着造假人的出现，把假货做到了300块一件，虽然看似LV亏了，但事实上却节省了每年上10亿元的宣传费用。而LV所定位的消费者明白一分钱一分货，并不会因此而不买正品。

笔者在创业时也犯过类似的错误，生怕别人仿造了我们的产

品。当时笔者公司花了大量的成本开发出了脑电波助眠眼罩，并把产品放到淘宝、小米有品上卖。结果没过多久，网上出现了同等类型的产品，当时笔者公司想方设法要起诉对方让其把产品下架。其实，我们忽略了多一个玩家对于一个新兴市场来说有多么重要的意义。

如果市场上只有笔者公司这么一个品牌，消费者则很难关注到，甚至消费者都不知道这个产品叫什么，是叫脑电波助眠眼罩，还是叫脑机智能眼罩？所以一个巴掌真的拍不响这个硕大的市场。

"倍轻松"的创业案例深刻诠释了成功应对仿造的策略。"倍轻松"是第一批在线下开设按摩眼罩门店的品牌。自从"倍轻松"开发按摩类的产品后，市场上陆陆续续也出现了几个仿造"倍轻松"的品牌。但是"倍轻松"做了一个非常惊人的举动：它非但没有告竞争对手侵权，反而培养了一个竞争对手，"倍轻松"把自己线下渠道资源与另外一个按摩眼罩品牌共享，于是当一个商场里出现了两个同等类型的新产品时，消费者就会上前研究这到底是个什么产品。与此同时"倍轻松"加大对自己产品的研发力度，不断打磨好产品，久而久之"倍轻松"占据了市场的主动权，也因此成功出圈。

回望笔者公司所处的脑机接口赛道，从2014年到今天，整个市场还是停留在科普阶段，大部分人对于脑机接口是什么都不清楚。要不是马斯克时不时跳出来发几条 Twitter，可能资本市场几乎不会关注到。所以从某种程度来说，笔者团队还得感谢强脑科技，感谢竞争对手，是他们在花钱花精力做广告来教育市场。我们也的确需要盟友，早期阶段，我们共同的目标是市场。

三、看不见、看不起、看不懂、学不像、赶不上

一家优秀的创业公司一定经历过这5个阶段：看不见、看不起、看不懂、学不像、赶不上。创业者在一开始凭借自己敏锐的嗅觉先切入一块小众市场，这个市场可能看上去很小，但存在商机。于是一个小团队便组建起来进行初步的尝试和验证。当创业者在这个市场稍微有了一点成绩，外界开始多多少少注意到你。但是可能这时候的规模还不足以引起他人的重视，所以创业者与团队可以利用窗口期好好打磨自己的产品能力和商业策略。当对手真正注意，意识到这个赛道有商机，且进场的时候，你们已经踩过很多坑，对手想要学习模仿，但是完全学不像。当他们好不容易研究透彻你们的商业逻辑的时候，你们已经发展壮大，已经早早把竞争对手甩在身后了。

有很多优秀的初创公司是这样一步一步发展起来的。

比如个推最早期就是做广告推送业务。就是在每个App入口做弹窗广告。那时没人看得起这样没有"技术难度"的业务。但是当个推签下了新浪微博的订单，这时候市场上的竞争对手已经"学不像"了。随着业务越做越大，个推于2019年完成了上市。

对于一家创业公司而言，除了小步快跑、快速迭代而言，没有别的选择。这是一个瞬息万变的市场，市场信息化发达，千万不要担心某一天你的技术被人抄袭或者复制，市场更看重的是谁有这个能力把技术从0到1进行创造。

第六招
初创公司的使命、愿景、价值观

对于使命、愿景、价值观的讨论在创业圈并不少见。

使命，就是到底要做什么，做这件事情的最终目的是什么；愿景，就是要把这个组织带到怎样一个高度，是一个相对长期的计划；价值观，就是共同做事的方法和标准，价值观把志同道合的人聚在一起。

但是对于大部分的初创公司而言，没有太多经验积累，很难理解和制定清晰的使命、愿景、价值观，那么初创公司应该如何运用这三板斧呢?

一、早期阶段，先确定使命和愿景

使命，其实是创业者做这件事情的初心。初心不分大小。可以是"让天下没有难做的生意"这样宏大的愿景，也可以是"只种不打农药的蔬菜"这样接地气的目标。

愿景，就是要设定一个中长期目标。

有句话叫看三年，想五年，踏实走好一两年。就好比我们国家的发展规划，5年为一个计划周期。要做事，就要看得长远。

为什么要先确定企业的使命与愿景呢？

因为使命与愿景代表的是一种方向，是让公司保持专注最好的方式，能够为初创公司保驾护航。市场是时刻充满变化的，并且充满了诱惑。早期的创业者因为自身经验的不足，经常会举棋不定，左右摇摆。这个市场会时不时地抛出一个诱饵，让创业者觉得那里有钱可以赚，去还是不去？如果事先设定了企业的使命，创业者就知道自己到底要去向何方，而不是半途而废或者转变方向。就像唐僧知道自己的使命是去西天求取真经，并不会因为取经路上各种诱惑而止步不前。

笔者因为没有确定企业的使命与愿景，错过了巨大的商业机会。

笔者在大学期间创办了"邮小二"品牌，解决大学生最后一公里配送的问题。看似很简单很接地气的业务，但是因为公司的努力与专注很快度过了0到1的阶段，没到一两年的工夫就吃下了下沙大学城近十几家高校的市场，公司发展也高歌猛进，高峰时期月营业额一度突破1000万元。这时有很多投资人开始接触公司，开出了优厚的价码提出要收购。此时公司的管理层内部发生了动摇。有位合伙人认为，创业的目的不就是为了赚钱吗？现在有人愿意收购公司，直接卖了就好了。另外一位合伙人认为，创设公司的目的是做大做强"邮小二"品牌，要占领全国市场。

正是因为创业初期没有明确使命与愿景，因此在金钱的诱惑下，笔者不得不选择向金钱妥协，以一个现在看来极低的价格卖掉了公司，倘若当时能继续坚持公司运作，按照当时的发展趋势，现在很有可能已经实现上市。

二、早期要允许价值观不同的人进入团队

初创公司的使命与愿景设立好后，再慢慢确定价值观。因为价值观的选择不是一蹴而就的，甚至创始人、创始团队都不会知道什么样价值观的人更适合整个团队。很多创始人在一开始就否定价值观不同的人进入团队，很可能这是不对的。

早期阶段，要允许各式各样的人进入团队，试验到底哪种类型的人员更符合团队发展。

公司早期的第一要务是先活着，如果连活都活不下来，谈价值观也没有用了。

历史上刘邦最初是出了名的小混混，如果按照今天的选人标准，刘邦这种地痞流氓头头根本不可能有出人头地的那一天。

三、没有销售业绩的价值观考核都是画饼充饥

这一点笔者在第一章第九坑提到过。很多创业公司会模仿大厂进行价值观考核，也就是商学院里教授的"虚的实了做"。但

是切记，在初创公司没有产生稳定现金流业务之前，千万不要进行价值观考核。

有许多人总认为价值观考核的管理办法能够激励一批又一批想做事会做事的优秀员工，后来才发现，当公司业务没有形成稳定现金流时，员工是没有积极性的。不能怪员工不相信企业口中的"使命与愿景"，初创公司的员工大多数是不相信老板强调的使命的，会觉得这是"假大空"。如何让员工逐渐相信这并非"假大空"呢？只有靠找到一条稳定且实际的现金流业务，员工有了金钱的嘉奖，才会慢慢由不信转变为相信。

如果一开始急于求成，制定了价值观考核办法，为了管理而管理，反而会引起员工的不满，很容易导致人才的流失，这就很危险了。

当然，使命、愿景、价值观只是初创公司发展的工具而已，如何使用好这些工具，真正的关键还在于执行力。只有把使命、愿景和价值观落实到具体的行动，才能够真正地推动公司的发展。同时，也需要创业者始终保持对初心的坚守，不被眼前的利益所迷惑，持续地坚持和努力。毕竟，企业的成功并非一蹴而就，而是需要时间的沉淀和积累。只要始终保持初心，不忘使命，坚守愿景，尊重价值观，初创公司一定能够在创业之路上走得更远，走得更稳。

第七招
招人要慢，辞退要快

在硅谷，流传着一句用人口诀：招人要慢，辞退要快（hire slow, fire fast）。这条创业法则对于创业者来说颇具指导意义。

都说事在人为，纵使创始人有百般的本领，最终事情还是得由各方面的人来完成，仅凭创始人个人肯定没法成就大业。

如果把创业比作一盘棋，那么人员就是棋盘上的棋子。棋牌的规格有限，不可能无限地放大，公司也是一样，不可能无限地扩张。初创公司的创始人要做的，就是找到这些棋子最佳的组合，把最优质最合适的棋子落到棋盘上，才能下好这盘棋。

"招人要慢"比较容易理解。

"招人要慢"不仅是为了避免错误，更是为了寻找到最匹配公司文化、业务需求和发展战略的人才。这需要创业者具备深度思考和洞察力，而且还需要大量的时间和精力。慢下来，不代表消极，而是要求公司更加深入地去了解候选人的能力、潜力和适配性。苹果公司自乔布斯创立开始到现在，一直保持了多轮次面试候选人的传统，由来自相关部门的多位面试官从不同角度评估候选人是否合适。这样既可以筛选出最优秀的人才，也可以防止因匆忙决定而带来的招聘错误。

"辞退要快"是对一种高效、果断的管理理念的强调。创业公司的资源有限，人员配置错误会导致资源浪费，甚至影响到公司的正常运营。如果一名员工无法适应公司的工作节奏，或者员工的技能和才能无法满足公司的需求，那么尽早做出解雇决定将是对公司和员工双方都有利的。

"辞退要快"对于初创公司而言，其重要性无法被低估。在初创公司中，资源和时间都是极其宝贵的，特别是在面对激烈的市场竞争和快速变化的商业环境时。任何人力资源的不合理配置，都可能导致公司错失最佳的发展机会。

曾经笔者的一位朋友创办了一家做3D视觉机器人的初创公司，因为技术领先拥有巨大的市场前景，所以获得了风险投资，但公司里有一位高级管理人员，尽管曾经为公司贡献了很多，但是无法适应公司快速发展带来的工作压力和新的工作模式。这位管理人员的存在，使得团队的效率大打折扣，进而影响了公司的整体运营。

然而，笔者的朋友一直因为情感因素迟迟没有做出裁员换人的决定。最终，公司在关键的市场拓展阶段，由于内部运作效率低下，错过市场最佳时机，导致公司的失败。

笔者公司在初创期，也曾在是否裁员的问题上犹豫不决。有几名自公司成立以来就与笔者并肩作战的老员工，当公司发展到某个阶段，其能力已经不能满足公司的需求。考虑到他们的情感投入，公司难以忍心让他们离开。因此，公司决定调整他们的岗位，希望能找到一个他们能胜任的位置。但是，这里公司犯了一个严重的错误：初创公司不是慈善机构，当有机会精减员工的时候，应该果断行动。

公司在这个问题上耗费了将近两年的时间，而这几名老员工在这期间并没有发挥出他们应有的作用。公司由于害怕裁员，错过了许多重要的机会。最后，在巨大的压力下，公司才被迫做出了裁员的决定。遗憾的是，公司已经浪费了大量的时间。对于初创公司来说，时间就是生命。在"裁人"这个问题上的犹豫不决，可能会对公司的生存造成致命的影响。

面对不称职的团队成员，管理者常常会陷入纠结：这个员工虽然有缺点，但也有优点啊；把他解雇了，工作谁来做？影响业务发展怎么办？新招一个，也不知道什么时候能到岗，就算招到了，也不一定比现在这个强……

江山易改，本性难移。一个人的性格和做事的方式是不容易改变的。与其浪费时间改变一个不适合的员工，不如直接换人。

大公司资源丰富，有试错的本钱，解雇人的速度不一定需要很快，如果某个员工不适合某个岗位，可以考虑在公司内部调动，因为大公司里面岗位多；但是对于创业公司，资源有限，岗位也有限，一个萝卜一个坑，没有那么多岗位去调配，用人的试错成本太高，如果不合适，必须及时止损，要迅速做出决定，即使是艰难的决定。

所以，对于初创公司的CEO来说，必须有坚定的决心和勇气，对不适应公司发展需求的员工进行快速裁员。只有这样，才能确保公司的活力和运营效率，才能保证公司在竞争激烈的市场环境中立于不败之地。柔弱的心在创业道路上不会成就一番事业，关键时刻的果断决定才是推动公司前进的引擎。

"辞退要快"并不是对个人的无情，而是对公司和其他团队成员的负责，也是为了确保公司能在最适合的时间，把最适合的人放在最适合的位置上。

"辞退要快"对于创业者而言，其优势不仅仅在于能够更好地管理团队资源，而且还有一个意想不到的好处，那就是这个过程可以促使你成为一名真正的创业者。这种决策不能完全交给HR去做，因为它关乎公司的生存和发展。这种经历会让创业者的目标感更加强烈，也会让其学会如何在维护公司利益的同时，做出必要的甚至可能会得罪人的决定。

有很多创业者向笔者询问，当公司的业务发展到瓶颈，没有突破口时，该如何应对。笔者的回答是，尝试亲自裁掉一名与你并肩作战的员工。这样的决定和行动，虽然可能会让你付出情感上的代价，但这却是创业者必经的成长之路。

今天，可以从很多成功的创业公司找到这样的例证。以雷军和他的小米公司为例。雷军在选择核心团队成员时，一直非常谨慎。他曾表示，他寻找的是那些能与自己"同甘共苦，白头偕老"的伙伴，这不是一件容易的事情，需要花费大量的时间和精力。同时，雷军对于内部问题人员的处理也非常坚决和迅速，一旦发现有人不能胜任职务或者破坏团队氛围，他会毫不犹豫地进行调整或者解雇，以保护团队的整体利益。

　　"招人要慢，辞退要快"，这不仅仅是一句口号，而是对于人才管理的深刻理解。这需要创业者去掌握人才管理的艺术，要有耐心，要有决断，更要有坚持和信念。希望每一个创业者都能吸取历史和现实的教训，找到属于自己的成功之道。

第八招
打造创始人IP

笔者和一个MIT毕业的朋友聊天时，得知他回国创办了一个人工智能公司，公司发展遭遇瓶颈，技术在市场上处于非常领先的阶段，但是却始终拼不过另外一家没什么真内核的公司。而笔者调查发现，另外这家公司的创始人，在抖音上的个人IP已经有了100万粉丝。这个时代已经变了，到了你不得不做IP的时代，不管你承不承认，"酒香不怕巷子深"的时代已经过去了。

越来越多的创始人开始尝试在短视频平台上打造个人IP，以最高效最低成本实现企业品牌的塑造与传播。雷军、董明珠、罗永浩等业界大咖级别创始人的身影开始频繁出现在抖音、视频号等各大短视频平台上。

人们以前总是说要修炼好内功，无论外界怎么风云变幻，做好产品才是硬道理。这个道理没有变，仍需要踏踏实实地做好产品，做好研发。但是同时，创业又新增了一块战略高地的抢夺，那就是创始人的个人IP。

笔者一位投资早期项目的同行说，现在检验一个项目行不行，有一个简单的办法，就是看这个创始人有没有个人IP号。如果有，继续调研；如果没有，再好的项目也不看。这种投资策略不一定完全正确，但是有一定的借鉴意义。

那么，打造创始人IP有什么好处呢？

1.扩大企业品牌影响力

创始人的个人IP有利于塑造企业的品牌形象。当创始人的形象和理念被市场接受时，公司的品牌力量就会得到强化。特别是在今天社交媒体发达的环境下，创始人可以直接通过个人社交账号与消费者互动，这种互动形式具有高度的真实性和亲和力，能够提升消费者对企业的认知和信任度。比如格力电器的董明珠就通过自己的社交媒体账号、下场做直播、媒体采访等方式传递了她坚持自主研发、品质第一的企业理念，这使得格力电器的品牌形象在消费者心中得到了提升。

2.减少代言费用、避免负面影响

如果形象好的创始人本人成为企业的代言人，那么他们就可以直接与公众进行沟通，不需要再支付高额的代言费给明星。此外，如果代言明星因为一些不良事件而受到负面影响，这对企业来说可能是一次巨大的打击。比如雷军本人就是小米的最大代言人，他在许多公开场合都会为小米的产品代言，小米产品极致性价比的风格就与雷军质朴踏实的形象完全吻合，市场上没有比雷军更适合代言小米产品的代言人了。这样一来，雷军替小米集团省下了不少代言开支。并且，由于雷军本人对自己的行为和声誉有很大的控制权，因此也避免了可能由于代言人问题带来的负面影响。

3.吸引优秀人才加入公司团队

有个人影响力的创始人可以吸引更多的顶级人才。这是因为，许多优秀的专业人士不仅看重工作本身，还注重公司的使命和价值观。如果创始人能够有效地传达公司的理念，并展现出他们的领导力，这将吸引更多优秀的人才加入。

马斯克经常会发 Twitter 高调发表他的观点。为什么呢？因为每一条推文，都代表着马斯克的使命、愿景和价值观，这有助于与其拥有相同理念的人加盟他的公司。

4.提高用户忠诚度

创始人的个人 IP 可以形成一种与消费者的情感联系，这种联系有助于提升客户的忠诚度。消费者可能会因为创始人的价值观、理念或故事而对品牌产生共鸣，从而愿意持续购买公司的产品或服务。

例如，罗永浩独特的个人风格和产品理念赢得了一大批忠实的消费者，他们不仅购买罗永浩设计的产品，更愿意为支持罗永浩的理念而选择锤子科技的产品。罗永浩通过多种方式（例如直播、演讲等）与消费者直接交流，建立了深厚的情感联系，使消费者更加信任他和他的品牌，从而提高了客户忠诚度。

　　所以，对于初创公司的创始人，尤其是技术型公司的创始人，一定要尝试挑战一下自己去面对镜头，打造一个属于自己的个人IP。

第九招
专注、极致、口碑、快

雷军在《小米创业思考》一书中提到他的创业七字诀："专注、极致、口碑、快"，这七字诀对于初创公司来说具有很强的指导意义。下面，笔者就雷军所说的这四个要领进行分析解读。

一、专注

雷军认为，对于一家公司的生存与发展而言，没有"专注"，就没有一切，专注有四项核心命题：

（1）清晰的使命、愿景；
（2）深刻的洞察力，了解行业，了解用户需求，找到机会；
（3）明确而坚定的目标及与之匹配的能力；
（4）克制贪婪，少就是多。

对于很多毫无经验的创业者而言，并不能从创业一开始就清晰地认识到公司的使命和愿景。而且很多创业公司的老板，创业好几年也不一定能说清楚自己创业有什么使命和愿景。他们最直接的答复，创业就是为了赚钱。现实世界中这种类型的创业者占了绝大多数。

那么，对于这种类型的创业者而言，应该"专注"在什么地方呢？

笔者认为一家初创公司的专注，要先纵向垂直地专注在一个单项产品品类上，而不应该是横向的。要把品牌和叫得出名字的单一产品品类一一对应起来。

对于初创公司来说，第一步先建立消费者心智。比如，一看到"大疆"就想到无人机，一看到"SKG"就想到按摩仪。要先建立消费者对品牌的认知。那为什么不是一看到无人机就想到"大疆"，一看到按摩仪就想到"SKG"呢？

因为这是第二步的事。第二步才是占领消费者心智。只有当公司品牌被消费者接纳，公司才能通过营销广告逐渐树立行业地位，才能让消费者主动选品牌。比如买吹风机就要买"戴森"，买投影仪就要买"极米"。

对于一家初创公司而言，得先让消费者知道自己这家公司或者这个品牌是做什么的，才有占领消费者心智的可能。

笔者的公司在创业时犯过不够专注的错误。笔者曾合作创办的回车科技是一家消费级的脑机接口公司。公司团队自认为消费级脑电波技术可以应用在多种场景，比如睡眠、冥想、医疗等多个领域，于是在创业的头几年公司团队横向化开发了"脑电波助眠眼罩""冥想头环""脑电睡眠监测贴"等多个产品线。虽然每个产品线都取得了一定的销售成绩，但是至今为止，仍然没有建立消费者心智。复盘来看，公司应该专注在一个细分品类上。比如集中所有的力量只研发眼罩这个品类。换言之，公司应该在眼罩这个赛道纵向深耕细挖，可以开发"发热眼罩""冰敷眼罩"等多个品类，"脑电波眼罩"只是其中一类产品。消费者一看到"回车"，应该先联想到这是一家卖眼罩的公司。又或者公司只专注在睡眠监测贴这个品类上，睡眠监测贴有一代、二代、三代。消费者一想到"回车"，就想到"睡眠监测贴"。在主打的细分品类建立了行业地位和影响力之后，公司再慢慢拓展新的产品品类。这才是一家创业公司应该遵循的创业逻辑。

但是很遗憾，笔者公司并没有在一开始就坚持这样的策略，看似一直专注在"脑机接口"这个领域，但是更多时候还是自以为是，客户不买单也无济于事。

二、极致

雷军认为，极致就是做到自己能力的极限，做到别人做不到的高度。极致的产品是要经历长期的修改，一点一点打磨出来的。极致就是无限追求最优解，最优解是绝对的竞争优势，在每一个产品设计方面，对应每一个品类、每一种需求，都存在一个最优解。极致需要基于对行业、用户需求的深刻洞察，极致的最高境界就是认知领先于全行业，率先洞察、抵达行业和用户需求的本质。

但是同样，对于一家小规模的创业公司而言，一开始其实很难有充足的资金和人力资源做到雷军所说的"极致"。但是，作为创业者要有一种追求极致的精神。

对于一家创业公司而言，最容易做到的极致就是"总有一个环节比同行好那么一点点"。然后把这个环节全力放大、巩固优势。比如同样是一个"太阳伞"品牌，但是我家伞的伞柄就是要比你家伞的伞柄强度更强，或者我家的伞面布料就是要比你家的伞面布料更防水。如果有一点能做到极致，那这个品牌就有了拓展的基础。

三、口碑

雷军认为，好产品不一定带来好口碑，便宜的产品不一定带来好口碑，又好又便宜的产品也不一定带来好口碑，只有超预期的产品才能带来好口碑。

什么叫超预期呢？

比如一个人去买甜筒，在他的预期内，3块钱的甜筒口感肯定没有30块钱的甜筒口感好。但是他去蜜雪冰城买甜筒才发现，只卖3块钱的蜜雪冰城甜筒的口感，虽然不及30块钱哈根达斯甜筒的口感好，但是竟然和卖10块钱的肯德基甜筒差不多。这就是超预期。

再比如在电子阅读器市场，Kindle并不是唯一的选项，但其一直以超预期的用户体验闻名。当用户以一个相对较低的价格购买Kindle时，他们可能只期望其满足基本的阅读需求。但是，当他们开始使用Kindle后，发现其不仅提供了舒适的阅读体验，而且电池续航极长，几乎可以用一周甚至更长的时间。另外，与其他电子阅读器相比，Kindle的书籍资源非常丰富，且设备与亚马逊书店的整合程度极高，用户可以轻松购买和下载书籍。

Kindle的续航、资源丰富度和整合程度超出了用户的预期，因此得到了用户的广泛好评，形成了良好的口碑。

预期是一个相对值，带来满足感的是这项服务超过了用户预期，同时，口碑阈值会随着预期不断上升。口碑是和用户交朋友，倾听用户意见，深刻了解用户需求，用户的口碑评价永远是对的。所以在业务决策时，要把口碑放在第一位，销量放在第二位。

四、快

"快"本质上是一种竞争，更重要的意义在于创业公司本身的成长效率。在这个变化迅速的时代，速度意味着市场优势。无论是产品的研发、上市，还是对市场变化的反应，都需要足够的速度。小米就以其高效快速的研发速度和快速响应市场的能力，保持了其在激烈的市场竞争中的领先地位。

众多创业者在创业分享时经常会谈到五个关键词——看不见、看不起、看不懂、学不像、赶不上。创业者之间的比拼，很大程度上就是速度的比拼；最开始是看不见，因为没有远见卓识；后来是看不起，觉得丢人现眼；然后是看不懂，一片茫然；最后别人成功了，才发现已经跟不上了。

"专注、极致、口碑、快"这七字诀不仅仅是小米的成功秘诀，更是所有初创公司的宝贵财富。通过将这些要领应用到自己的公司中，创业者们可以明确自己的方向，提升产品和服务的品质，构建良好的口碑，并快速适应市场的变化。以上要领，希望对每一位创业者有所帮助。

第十招
别在最饿的时候做决定

在加州大学洛杉矶分校的一项实验研究中，科学家们发现，当人们感到饥饿时，他们倾向于做出短期的决策，而对长期后果的考虑会大大减少。这种现象被称为"饥饿意识"。在饥饿和焦虑的状态下，人的大脑前额叶皮层功能可能会受到抑制，这直接影响了人的逻辑思维和决策能力。在这种情况下，人们往往容易被短期利益所吸引，忽视了长期的规划和理智的分析。

这种"饥饿意识"在创业领域也有广泛的存在。初创公司在资金紧张的情况下，创始人可能会过分关注短期的财务问题，而忽视了公司的长期战略规划。这种决策方式可能会导致公司在短期内取得一些成功，但在长期内可能会面临更大的问题和挑战。

初创公司在成长道路上，难免会遭遇现金流紧张的挑战。在这种情况下，也就是所说的"最饥饿"的时候，公司可能会出现一些决策问题。常见的问题包括：不对资本方进行筛选，接受任何来源的资金；产品急于上市，忽视了质量和用户体验；在困难中急于求成，偏离公司的主线业务。这些决策问题都可能对公司的长期发展造成严重影响。

首先，对资本方的筛选是公司在寻求投资时的重要任务。在现金流紧张的情况下，公司可能会接受任何来源的资金，而忽视了资本方的背景、价值观和投资策略。这可能导致公司在未来的发展中面临各种问题，如股东冲突、战略方向的改变等。比如，某些投资方可能对公司的发展方向进行过多干预，或者因为其投资策略与公司的发展不匹配，导致公司面临更大的压力。

笔者创办的第一家公司就是最典型的案例。当时笔者公司面临严重的资金短缺问题，笔者迫切地需要投资。当一位投资人说有意向要投资时，笔者几乎没有做任何深入的分析和考虑，就急匆匆地与他签订合同出让了35%的股权。然而，我对这位投资人的投资背景和目的并不了解，后来才知道他只是把笔者这家公司当作一个产品，他已经找好了买家准备将笔者公司出售套利。他联合了公司里的另外两个股东，剔除了笔者对公司的控制权，最终不得不低价接受出让公司。

其次，产品上市的时间和质量是公司成功的关键。许多初创公司在面临资金压力时，可能会选择忽略关键的产品测试步骤，急于将未完全成熟的产品推向市场。这种做法可能会短暂地缓解资金压力，但如果产品体验和质量未达标，公司可能需要花费更多的时间、人力和金钱来调试和弥补这些问题。这实际上增加了运营成本，反而可能导致公司的财务状况更加紧张。

比如，笔者的一位做互联网生鲜配送的朋友，迫于资金压力，希望早点创收进行下一轮融资，所以忽略了测试环节匆匆将App上线。结果App的bug不断出现导致大量的基础用户流失，他不得不投入更多的成本去修复这些bug，从此进入了一个死循环。

最后，公司因为造血能力不足，也没能撑到下一轮融资的到来，不得不宣布破产。

最后，初创公司在面临压力时，可能会被诱惑去追求那些看似可以迅速带来回报的机会，进而偏离了公司的主线业务。这可能导致公司的资源和精力分散，无法集中在公司的核心竞争力上，对公司的长期发展产生负面影响。同样是笔者这位做互联网生鲜配送的朋友，本来主打的是生鲜配送，迫于资金压力，但凡是和配送相关的业务，类似于快递、跑腿、搬家这样的业务他都接，硬生生把好不容易积攒起来的品牌形象给砸了。

在创业的过程中，现金流管理是最具挑战性的任务之一。为了避免出现"饥饿"状况，创业公司应该怎么做呢？

首先，无论在什么情况下，公司账面都要保证有支付员工半年以上工资的现金。这一部分资金就好比是"保证金"，不到万不得已的状况谁也不能动用。比如公司的月工资开支在20万元左右，那么公司的账面现金一定要保证在120万元以上。要留足充分的时间和资金去应对所有意外的发生。

其次，一定要在有钱的时候多融资。所谓"手中有粮，心中不慌"。当公司资金充足时，更有可能获得有利的投资条件，因为这时公司对资金的需求不急迫，可以从容选择最合适的投资方。很多创始人因为舍不得自己的股权被过多过早地稀释，总是拿在手中紧紧不放。但是在这个风云变幻的商业世界，你根本不知道黑天鹅事件什么时候会发生。所以，在能够融资的时候多一点现金流储备，是创业公司必须要做的事。千万不要等到公司没钱了再去融资。

再次，产品质量是公司的生命线。打磨好产品应该是公司的首要任务。在产品开发过程中，可能会遇到各种挑战和压力，但这并不意味着公司应该忽视产品质量。相反，应该花更多的时间和精力来打磨产品，确保产品能满足用户的需求。虽然这可能会让产品的上市时间稍微推迟，但是，一款好的产品能带来的回报会远远超过短期的投入。

最后，创始人应该重视公司的财务状况。理解并管理好公司的现金流是创始人的重要职责。这不仅包括了解公司的收入和支出，也包括理解公司的资产和负债。很多初创公司的老板，只顾抓主营业务，却把财务全权交给另外一个合伙人管理，自己对财务情况并不熟悉。对于一家初创公司来说这是非常致命的，因为一个小小的财务环节的疏漏，对于脆弱的初创企业来说，很有可能会发展成为一个现金流转的大窟窿。只有创始人自己全面理解公司的财务状况，才能做出正确的决策，确保公司的健康发展。

当然，有时候合理的决策过程是避免出现"饥饿"状况的关键。在面临重要决策时，创始人应该有足够的耐心和冷静。这可能意味着你需要"睡一觉再说"，等到第二天头脑清醒了再去做决策。因为在负面情绪的影响下做出的决策，可能会对公司的长期发展造成负面影响。

每位创业者都会面临困难和挑战，关键在于如何应对这些困难和挑战。"别在最饿的时候做决定",这不仅仅是一条法则,更是一种对创业者的忠告。创业者需要保持冷静和理智,用长远的眼光来做决策,而不是被短暂的需求所驱使。只有这样,才能避免陷阱,走向成功。

第三章

自我革命

第一节
孤独之旅

亚马逊的创始人杰夫·贝佐斯曾说："创业就像被投掷到荒野，你必须学会自己独立生存。"

一、孤独，创业的常态

选择创业，就是选择孤独，因为这其中包含了多重原因。首先，创业者需要有超乎常人的思维认知。创新、探索，使创业者必须站在更高的层次看问题，而这一点往往让其感到孤独。因为他们的思考、他们的看法、他们的追求，都无法被大多数人理解，这让他们在思维的海洋中独行。

其次，随着创业者创业进程的推进，身边伙伴们可能会渐行渐远。有的可能因为忍受不了创业的压力而选择离开，有的可能因为和创业目标不符而选择另寻他路。这一过程中，创业者会逐渐体验到团队分崩离析的孤独，需要在孤独中寻找新的力量。

此外，创业者也要面临家庭、社会等多方面的压力，包括财务、时间等各种资源分配的压力，这些压力也会加剧他们的孤独感。面对各种压力，创业者需要有足够的决心和信念，去坚持自己的创业梦想。

在小米创业初期，雷军面临着巨大的孤独感和窘境。当时，中国的智能手机市场已经被国际品牌垄断，而且市场竞争异常激烈。小米作为一家创业公司，缺乏品牌知名度和市场份额。

雷军需要在竞争激烈的市场中建立起小米的品牌形象，吸引用户的关注和认可。然而，这一过程充满了挑战。小米面临着来自国际品牌的竞争，以及用户对于新兴品牌的怀疑态度。雷军必须独自承担品牌推广的责任，亲自参与市场营销活动，努力打破国际品牌的壁垒。

此外，小米在技术研发和产品创新方面也面临挑战。雷军亲自参与产品设计和功能改进，希望打造出与国际品牌相媲美的智能手机。然而，在技术领域的挑战和不断变化的市场需求之下，雷军常常感到孤立无援。他需要面对技术难题、市场反馈以及竞争对手的挑战，独自承担决策和解决问题的责任。

这些窘境和困境使雷军在创业初期感到非常孤独。他需要独自面对来自市场的压力和质疑，孤军奋战，寻找切入点和突破口，以使小米在竞争激烈的市场中脱颖而出。这种孤独感同时也鞭策着他不断努力，以实现创业目标。

二、孤独是突破自我，不断创新的动力

孤独让创业者有更多的时间和空间独立思考，深入探索自己的想法和愿景，让他们能够超越常规思维，独立决策，并勇于承担风险。孤独还激发了创业者的创造力，让他们寻找新的解决方案和机会，让他们能够独立思考问题，不受他人的干扰和影响，从而在竞争激烈的市场中脱颖而出。

孤独还是一个反思和成长的机会。在孤独中，创业者能够审视自己的行动和决策，反思并从失败中吸取经验教训。从而通过不断调整自己的策略和方法，提升自己的能力和领导力。孤独让创业者有机会与自己对话，挖掘内在的潜力和创造力，激发出更强的动力和决心。

此外，孤独也是培养坚韧性和应对逆境能力的机会。创业道路充满了挑战和困难，孤独感让创业者更加坚强和有韧性，能够在困境中迎难而上，找到解决问题的办法。孤独使创业者不依赖外部的认可和支持，而是凭借内在的动力和决心，持续前行。

庄子曰："吾生也有涯，而知也无涯。以有涯随无涯，殆已！"庄子的这句话，表达了他在探索真理的道路上的孤独感，同时也揭示出知识的无穷性。对于创业者来说，他们往往在探索未知的过程中，遭遇无尽的孤独。但这种孤独也是推动创业者不断突破自我，寻求创新的动力。

总之，孤独并不是一种消极的状态，而是创业者追求突破和创新的动力源泉。它让创业者有机会独立思考、创造和反思，提

升自己的能力和韧性，最终实现个人和事业的成功。创业者应该珍视孤独，并将其转化为成长和成功的机会。

三、耐不住寂寞的人不要创业

判断一个人是否适合创业，有一种方法：首先没收自己手机，把自己关在家里三天，如果坚持不了，就不要创业了。因为你耐不住寂寞，更成不了大业。

创业是一条充满艰辛和挑战的道路，要求创业者具备耐心、毅力和决心。然而，耐不住寂寞的人往往在这个旅程中无法持久。他们无法忍受孤独和压力，很难在创业的压力下坚持下去。创业往往是一场马拉松，而不是短跑。在初创阶段，可能没有即时的回报和成果，甚至会面临巨大的经济压力和风险。耐不住寂寞的人可能很难坚持下去，因为他们无法忍受长时间的不确定性和困难。他们可能会迅速失去动力，放弃自己的梦想和目标。创业者必须能够独自面对挑战和问题，并做出迅速而明智的决策。他们需要依靠自己的直觉和判断，而不是过分依赖他人的意见和支持。然而，那些无法忍受孤独的人可能更倾向于寻求他人的意见，容易受到外界声音的干扰，从而无法做出独立和果断的决策。这可能导致决策的拖延和不确定性，阻碍创业的发展和进步。

想象一下，某个人梦想着开一家独特的咖啡馆，但无法忍受孤独感和压力。他发现自己需要独自处理许多问题，如业务管理、供应链管理和市场推广等。由于无法忍受孤独，他开始寻求合伙人，但很快发现对方无法与自己共享他的热情和愿景。对方的动机和理念与自己不同，无法与自己形成共同的目标。最终，这个人放弃了创业梦想，选择了稳定的职业，因为他发现自己无法在孤独和挫折面前坚持下去。

四、享受孤独

真正的创业者知道，孤独并不只是一个负面的状态，反而，孤独是一次对内心的挑战和试练，是对精神深度的探索，是脱离物质奖励，寻找更高层次的精神追求的契机。

孤独使人们有时间去审视自己的内心，让人们有机会去深化对自己、对世界的理解，进而有可能产生原创的思想和解决问题的新方法。孤独中的这种沉思和反思，虽然有时会让人觉得压力巨大，但更多的时候，孤独能带给我们独特的喜悦和满足感。

而这种满足感，远超过物质奖励所能带来的。当人们在孤独中实现了某个目标，或者找到了某个问题的解决方案，那种由内心深处涌出的欣喜和满足感，是金钱无法购买的。

乔布斯在开创个人电脑产业的旅程中经历了很多孤独的时刻。他曾说过："创新就是要愿意站在别人的角度上看问题，而这往往意味着你必须独自一人去思考。"在孤独中，乔布斯找到了自己的快乐，那就是创新和改变世界。

在创业的道路上，创业者必须学会享受孤独，并从中找到快乐和满足。因为孤独不仅是创业者精神成长的催化剂，更是创业者实现自我价值，追求精神层面的满足的必经之路。

第二节
心流时刻

笔者有一个独特的爱好，就是高速驾驶。

笔者几乎每周要开车跑一趟高速，从杭州到上海，或者从杭州到金华。每次来回大约280千米的路程，每次大约4小时。既不是出差也不为别的，纯粹是爱好。

朋友表示很不理解，这算哪门子的爱好呢？但是确确实实，这和画画、打球一样，就是我的兴趣所在。因为每次在高速驾驶的时候，笔者可以收获自己心流时刻。

一、什么是心流时刻

从科学上看，当人体大脑的专注度和放松度都同时处在一个相对较高的阈值，人往往会进入一个内心宁静平和的状态，也就是所谓的心流时刻。这个状态下人脑的创造性也会达到顶峰。

高速驾驶时什么也不想，难道不是很危险吗？其实并不是。很有意思的是，当我心无杂念地上高速时，我的感官异常灵敏，觉察能力出乎意料的强。两边的路况，前后方来车，似乎不用眼睛就能感觉到，完全不需要担心路况危险。

这两个小时的时间一晃而过，很多灵感和决策都是从高速驾驶中来的。以至于笔者的朋友说我是"高速办公"。笔者在没有想法或者犹豫不决的时候，就会上一趟高速，基本上每次一个来回，事情就理顺了，灵感就找到了。

我第一次了解到"心流时刻"是从我父亲那里。我父亲是个文人，因为写作很耗费脑力，他经常会打坐参禅。每次调息结束，他都会长长舒一口气，然后精力满满地开始写作。可能深受父亲的影响，我很早就明白冥想对于思考创造的益处。即当人的内心进入一种波澜不惊、极其专注的状态时，人往往能创造出智慧。

笔者的创业团队开始研究人脑的脑电波发现，当人脑的专注度和放松度同时达到顶峰的时候，人往往会进入一种心流时刻。在这种状态下，人的创造性也会自然而然地提高。很多优秀的作品，优质的决策都是在此状态下产生的。

二、冥想对创业者有什么帮助

1.提高专注力和思维清晰度

冥想可以帮助创业者提高专注力和思维清晰度，使他们更能集中注意力处理重要任务，以应对复杂的挑战和决策。例如，桥水基金创始人雷·达利欧是一位知名的风险投资家和创业导师。他表示，冥想帮助他在面对多个投资项目时更好地专注于关键细节，辨别出最具潜力的创业机会。通过冥想，他能够减少思维的杂念，使头脑更为清晰，做出明智的决策。比尔·福特是福特汽车公司的执行董事长，他也经常通过冥想来培养专注力。他发现冥想有助于他在快节奏的商业环境中集中注意力，并更好地思考长期战略和创新。这种专注力的提升帮助他推动公司向可持续和创新的未来发展。

2.管理压力和情绪

创业过程中的压力和不确定性对创业者的情绪和心理状态产生负面影响。冥想被证明是一种有效应对压力的工具。杰夫·韦克斯在担任LinkedIn首席执行官期间，积极推崇冥想实践。他将冥想视为自己的关键成功因素之一，并将其纳入了公司的企业文化中。他经常组织冥想课程和活动，帮助员工应对工作压力，提升情绪管理能力。这种注重心理健康的文化有助于建立一个积极的工作环境，促进创新和提升员工的幸福感。

3.增强创造力和洞察力

冥想可以激发创业者的创造力和洞察力，帮助他们找到独特的解决方案和商业机会。例如，索菲亚·阿马鲁西奥是Nasty Gal品牌的创始人。她经常通过冥想来启发自己的创造力，获得灵感。冥想帮助她超越传统思维，发现独特的时尚趋势和市场需求，从而打造了一个独特而成功的时尚品牌。丹尼尔·埃克是音乐流媒体平台Spotify的创始人之一，他经常使用冥想来激发创造力。他认为冥想有助于开启思维的深度和灵感，帮助他找到独特的解决方案和商业机会。

4.增强决断力和自信心

冥想有助于创业者培养决断力和自信心，丽莎·苏是全球领先的半导体公司AMD的首席执行官。她在带领公司走向成功的过程中运用了冥想的实践。

冥想对于丽莎来说是一种重要的工具，帮助她在创业和领导的旅程中保持冷静和自信。她经常通过冥想来放松身心，培养内在的觉察力。这种实践使她能够更好地处理高压的商业环境和复杂的决策。冥想让她能够减少干扰，聚焦于关键问题，并做出明智而果断的决策。

通过冥想，丽莎培养了自己的决断力和自信心，这在她领导AMD从竞争对手阴影中崛起的过程中起到了重要作用。她的决策和战略使AMD在市场上获得了巨大的成功，公司市值大幅增长。

创业者面临着无数的挑战和不确定性，这往往导致内心的焦虑和犹豫。从融资压力到市场竞争，各种因素都给创业者带来压力，影响他们的决策。可以说，创业旅程充满了焦虑，而冥想作为一种修行方式，被证明可以帮助创业者摆脱焦虑、增强决策力，从而取得更好的创业成果。

但很有意思的一点是，我们做脑科学研究时发现，其实我们不一定非得通过静态打坐冥想的方式来实现心流时刻。

只要能同时让专注度和放松度都很高，我们就能进入心流时刻。所以其实动态冥想也是一种方式，比如冲浪、滑雪。这几项运动都需要连续不断的注意力，同时会让你的大脑觉得愉悦，没有什么压力。所以，找到一种你喜欢的方式冥想，无论是动态的还是静态的，一定能对你创业之路有极大的帮助。

第三节
将军赶路，不追小兔

在激烈的商业竞争中，创业者时常会面临各种各样的诱惑。有一句箴言常被提及："将军赶路，不追小兔；欲为雄鹰，勿与鸟争。"有时，创业者会像是草原上奔驰的将军，心中生出追逐的欲望。然而真正的成功者，他们能像那位将军一样，选择坚持赶路，而不是去追那只小兔；他们欲为雄鹰，而不愿与小鸟争高低。这样的古老智慧不仅适用于战争，也同样适用于创业领域。

明志、专注、舍弃，是创业路上的三个关键诀窍。

一、明志

人生的头几十年，人们似乎一直在赶路。为了升职，为了加薪，为了三餐，为了养家糊口。但是你有没有真正想过，我们要赶向何方。

俗话说，三十而立。

李健说三十很难立起来，四十能立起来就已经算很不错了。

这也未必是句玩笑话。

而创业者有几个能在三十岁左右把事业立起来的？二十岁的时候在不断试错，积累经验，三十岁开始有一点根基，初露头角。等四十岁能立业，已经属于佼佼者了。

笔者以为的立，是立志。

无论几岁的创业者，一定要明白自己要成为怎么样的人，做什么样的事。

明志，这是对创业者提出的首个要求。有人说，创业就像在茫茫大海中航行，如果没有明确的方向和目标，那么就容易迷失方向，甚至最终沉没在海洋中。明志，就是创业者在这茫茫大海中的指南针，是指引创业者走向成功的关键。

两汉大臣萧何年轻时家境贫寒，但他立下改变命运的志向，后来成为汉初的重要政治家。他的事迹告诉我们，只有明确自己的目标，才能在困境中找到出路，勇往直前。

2019年的世界人工智能大会上，马云和马斯克两位科技巨头在台上就未来的科技趋势进行讨论。马云认为，人工智能将带来更多的就业机会，人类应该更加专注于地球本身的问题，比如教育和环境保护。

然而，马斯克对此有着不同的看法。他认为，人工智能的发展速度远超人们的想象，而且有可能带来无法预料的后果。而对于人类未来的发展，马斯克更看重的是太空探索和火星殖民计划。

马斯克坚定地表示："我们需要确保人类的未来不仅仅局限于地球。"尽管他的这个观点在当时并不被所有人接受，甚至被认为是"天马行空"，当时有点受到马云的"不屑"，但从这次对话的现场反应来看，我们看到马斯克似乎更像是那位赶路的将军，坚定的眼神，决绝的态度，他要让人类成为一个多行星物种。他也始终坚持这个目标，并通过SpaceX公司一步步地将这个目标变为现实。

二、专注

天下事皆成于专注。

自古至今，众多的圣贤对人生的智慧教诲源源不断，其中"天下事成皆专注"这一理念，乃是我们追求事业成功，实现人生价值的重要准则。这一理念可见于古人教诲、古籍引述和现代实践，其深入人心，不论时代变迁，始终不变。

《论语》中孔子曰："志士仁人，无求生以害仁，有杀身以成仁。"可见，专注于仁，才能实现对仁的理解和追求。同样，《孟子》也有云："志之所向，无事不成。"讲的便是那份对事业的坚定和专注。专注不仅能使我们在逆境中坚持不懈，而且能在成功之路上步步为营。

曾国藩认为，你不盯住一个老师，就学不来真东西；交友太滥，就不会有知己；为学事业要是已经有所专长了，然后涉猎些相关的方面，这也不错，但要是没有自己的专长，见异思迁，今天弄这个，明天弄那个，就完蛋了。

从做企业的角度，每个企业，不论大小，都有过多元化的冲动。创业者在创办企业的时候，也想着今天做教育类产品，明天转头看到医疗市场有机会，然后又发觉娱乐赛道也不错。但是没有在一个具体的场景深耕深挖，到头来兜兜转转竹篮打水一场空，业务总是止步不前。

创业过程中，专注的力量表现得尤为重要。在这个信息爆炸的时代，新的商业机会、新的技术、新的理念不断涌现，这就需要创业者有足够的专注力来抵挡诱惑，坚持自己的方向。但是，专注并不是故步自封，闭门造车，而是在清晰知道自己的目标和方向之后，将所有的精力、资源都集中在这个目标上，以实现更高的效率和更大的可能性。

乔布斯的"stay hungry, stay foolish"，更是告诫我们，在任何时刻都要保持对自己所热爱事物的渴望和专注。

"天下事成皆专注"这一理念的重要性，更是在现代社会得到了广泛的应用。无论是科学研究，还是商业竞争，或是艺术创作，成功者都是那些愿意投入时间和精力，全心全意追求目标的人。这种全力以赴的精神，正是古人所说的"天下事成皆专注"。

专注，就像一把锐利的剑，只有经过持久的打磨，才能越磨越亮，越磨越锐利。对于创业者来说，无论前方的道路如何曲折坎坷，只要他们始终保持专注，始终坚守自己的目标，那么他们就一定能够像雄鹰一样，在创业的天空中翱翔，到达成功的彼岸。

三、舍弃

舍弃并非易事，但它是智慧和成就的前提。类似于将军放弃追逐小兔的决断，创业者也应该有勇气舍弃那些短暂诱惑带来的迅速回报，而选择专注于长期的价值和可持续的发展。只有敢于舍弃，才能在激烈的竞争中取得优势，迈向更广阔的成功之路。

创业者同样面临各种诱惑和干扰，这些诱惑可能包括追求短期的利益、跟随市场的潮流、效仿竞争对手等。然而，只有懂得抵制这些诱惑，学会舍弃那些无关紧要的事物，才能真正专注于自己的创业目标和核心竞争力。

以Facebook为例，马克·扎克伯格从创办Facebook的那一刻起，就明确了自己的目标：连接全球的人们。在这个过程中，他面临了许多诱惑，包括各种合作邀请、投资提议，甚至是高价的收购。但他敢于放弃一些现实的诱惑，不被外界的各种干扰所动摇。他集中所有的精力在提升Facebook的用户体验上，尽可能地让更多的人通过Facebook相互连接。这种舍弃使得Facebook最终成为全球最大的社交网络平台。

第四节
能力圈

最早接触到"能力圈"这个概念是在巴菲特《致股东的信》中。

他说："投资者需要的是正确评估特定业务的能力。你不必成为每个公司的专家，甚至很多公司的专家。你只需要能够评估能力范围内的公司。那个圆圈的大小并不重要，然而了解它的边界至关重要。认清自己的能力圈边界，并乖乖地待在里面。如果你知道了能力圈的边界所在，你将比那些能力圈虽然比你大5倍却不知道边界所在的人要富有得多。"

巴菲特作为当代祖师爷级别的投资人物，总结出的观点一定有相当深刻的见地。因此，笔者花了大量的时间去琢磨"能力圈"这个概念，发现他的这个"能力圈"的概念，不论是对于人们的投资行为，还是为人处世方面，都具有相当的指导意义。

在他这段话中，隐藏着几个关键信息：一是圆圈大小，二是能力圈边界，三是站在圈子里。

1.圆圈大小

这里的"圈"不是一个规则的圆圈，而更像是一个不规则的图形。用中文的解释更像是一个圈养的"圈（juàn）"。每个人的出身、家庭、成长环境不同，代表着人们一开始所能做成事的能力各有高低。而在这个圈圈以内的，就是人们真正能自我掌控的能力。这个能力的大小，不是规则的，而是一块一块探索补充的。

2.能力圈边界

巴菲特所说的边界，其实不是简单的一条二维曲线这么简单。如果是这么简单，那么结论就是圈内Yes圈外No。其实这个边界存在一个比较模糊的界定，它有点像一个虚化的界限。

网上有一个非常形象描述能力圈边界的表达。

笔者说你可以想象一下在浓雾里面行走的感觉。你正在行走，但是四面八方朦朦胧胧的一片，你只知道脚底下有条路，但并不知道继续往前走是不是会有一个大坑，你能看到前面有灯光，但是不知道去往灯光的方向，路况怎样。

只有亲自走过了，才知道路上有没有坑，这个坑能不能迈过去。

在你能摸索着点亮前进的这片区域内，说明你有能力击退野兽，能避开所有的坑，去到你想去的地方。

在不能点亮的区域呢？要么是有无法解决的恶犬阻止你通过，要么是路上的坑太大了，你迈不过去，要么是你探索不够，还没有找到路、找对路。

在点亮的区域和黑暗的区域之间，并没有清晰的界限，而是一层朦朦胧胧的薄雾。这就是所谓的虚化的界限。

换一个例子，想象你正在打游戏，开局只身一人只带了一把砍刀身处在原始森林中的一所小房子里。一开始你的能力边界就是这所小房子。周围的原始森林需要你用砍刀去探索。你拓展地越多，哪里有坑，哪里有飞禽猛兽才会慢慢浮现出来，被开拓出来的这边区域，也成了你的领地边界，你知道在这边开拓过的范围内，你是踏实安全的，不会慌张。

因为每个人探索的地图不一样，所以每个人的能力圈都是奇形怪状、独一无二的。

能力圈的扩展也和探索地图类似。

地图的点亮不是一圈一圈点亮的，而是自己在点亮区域内不断磨炼、提高能力，直到能够打败拦路的恶犬，跨过路上的大坑，找到进入新地图的那条路，然后才能点亮更广大的地图。

能力圈呢？不断地练习，不断地提高，不断地解决难题，最终找到突破口，才能进入新的领域，然后继续探索、尝试，才能消除更多的未知，获得更新、更大的能力。

3.站在圈子里

芒格说你必须弄清楚自己有什么本领。如果要玩那些别人玩得很好、自己却一窍不通的游戏，那么你注定一败涂地。要认清自己的优势，只在能力圈里竞争。

芒格有句话说得很好："如果你不知道自己在做的事情，是否在自己的能力范围以内，那么你已经出界了。"也就是说，当你还在犹豫自己有没有把握的时候，你是不具备这个能力的。

用一个成语来概括，就是"自知之明"。

相比于能力圈的大小，是否有自知之明、能否确认能力圈的边界更加重要。

有一种很简单的办法来判定自己是否在能力范围内，也就是所谓的站在圈子里——反问。

在界定能力和遇到事情的时候，反问下自己，对于做这件事情，做到要求的程度、取得要求的成果，心中是否有所疑虑。

如果答案是肯定的，那么自己可能已经处于越界的边缘了。

什么叫有所疑虑？说得通俗一点，就是遇到事情的时候，会不会慌。

举个很简单的例子，打篮球一直是笔者的一项兴趣爱好。笔者能熟练地掌握篮球的控运技巧，当别人在紧逼压迫防守的时候，自己不会因为慌张而马上停止运球，因为笔者知道自己的控运技巧完全可以应对别人的紧逼式防守，自己可以边运球边观察队友的位置，再选择传球或者过人。这就是知道自己的能力范围，能够站在自己的能力圈子里与别人对抗。

要是当别人一上来包夹或者紧逼防守，心里出现了那种慌张的感觉，就是遇到的事情超出了自己的能力范围，这就越界了。

但是很多人对于是否站在"圈子"里其实有两个误区。网上也有朋友总结得很到位，以下为笔者摘录部分。

第一个就是把结果当能力。

很多时候我们取得的结果，并不是自己能力带来的，而是有很多外部因素影响，甚至是运气使然。

想一想，牛市的时候人均股神，自己买的股票也涨得不错。但自己真的有选股炒股的能力吗？

想一想，买彩票中500万元的人，真的有挣500万元的能力吗？把结果当能力，那么结果就是凭运气挣的钱，最终又凭自己的实力输掉。客观上看，成果和结果极其相似，但含义是不同的。

结果就是结果，无论做了什么，没做什么，最终取得的就是结果，不是自己所主导的。

成果是自己通过能力获得的，换句话说，自己可以通过付出能力，来影响甚至主导最终的结果。

再说简单点，"结果"不一定能重复获得，但是"成果"一定可以通过自己的能力重复获得。

比如，不用电梯自己也能爬上十楼，即使不是牛市也能炒股赚到钱。那么爬楼和炒股凭借的就是自己的能力。

在界定能力圈的时候，可以想一下，自己能否重复取得类似的结果。能，就是有能力，否则就没有相应的能力。

第二个就是把见过当能力。

可能读者身边有很多这样的朋友、这样的同事：一件事情看一遍，就觉得自己懂了；既然懂了，就觉得自己能执行了；既然能执行了，就觉得自己能做得超级棒。

但是真把事情交给他的时候，要么做不出来，要么做得完全不对。

这些人就是把"见过"当能力。只有真正建设过、建成过，取得了成果，才能说自己真正有相应的能力，才是真正站在圈子里。

巴菲特的"能力圈"概念影响着千千万万的价值投资者。再一次看到"能力圈"这个概念，是从段永平《段永平投资问答录：投资逻辑篇》中。

段永平同样也说，知道自己的"能力圈"有多大比"能力圈"本身有多大要重要得多。即使能力圈很大的人，在圈外也是很惨的。

能力圈不是拿金箍棒在地上画个圈，说待在里面不要出去，外面有妖怪。能力圈是：诚实对自己，知之为知之，不知为不知。有这样的态度，然后如果能看懂一个东西，那它就是在我能力圈内，否则就不是。这其实也是巴菲特他们所说的自知之明。

但是段永平还说："有多大的能力做多大的事，而不是有多大的胆量做多大的事。"

这句话对笔者的触动非常大。

笔者从小是一个胆子比较大的人，性格外向放得开，脸皮厚，不怕尝试和失败。但也正因如此，误判了自己的能力边界。

能力圈误区一：误以为自己能做领导者。

笔者的朋友们总觉得我是CEO。可能和笔者的长相相关。但是这是一个误区，虽然曾经有一颗做CEO的野心，但是笔者清楚地知道自己不具备做CEO的能力，可以做参谋，但不适合做将领。

从前在做将领带头创业打拼的时候，笔者知道自己是在用胆量打肿脸充胖子当这个leader。

能力圈误区二：误以为自己能创业，误以为自己能教育市场，这个就是典型的把结果当能力。

笔者曾经创办"邮小二"赚到过钱，但是回过头看运气占了大头，就像前文所说的把结果当能力。曾经因为创业赚到过钱，就以为自己的那一套逻辑是可以重复使用的。但实际上后来的各种创业模式都无法复制"邮小二"，现在想想可能当时的确只是踩中了互联网的风口，运气占了大头。表面上看自己是一个很有创业经验，知道这些坑坑洼洼在哪里的人，但实际上可能仅对几个特定行业比较了解，实际上不适合多领域创业。

这也就是后来即使有过很多创业的主意和尝试，都无法复制"邮小二"的成功。可惜的是，当时创业的成功，也是靠的胆量。当真正要去教育市场的时候，虽然胆子大可以向前推进，但是心里还是慌。

能力圈误区三：误以为自己善于交际。

朋友们总觉得笔者外向，更善于整合资源，善于交际。笔者自己也曾一度误以为这是在自己的能力圈范围内。但是当笔者重新研究能力圈这个概念之后，发现其实每次在和一个不熟悉的人交流的时候，自己并没有做到镇定自若，内心也是慌张的。

能力圈误区四：误以为自己能影响他人，好为人师。

很讽刺的是因为笔者过往的一些成绩和经历，被别人冠以"创业导师"的名头。有一阵子笔者特别喜欢说教，总觉得自己的经历、认知能够救对方于水火之中。但是后来笔者反问自己这个问题，"我指出的方向，百分之百是正确的吗？"其实并不是，此时笔者的内心是没有底的，是慌张的，只是好为人师罢了。

所以自己真正的能力边界是什么呢？

意识到这个问题之后，笔者花了大量的时间反思、问询和探索，逐渐有了答案。

和别的金融从业者一样做量化，做 PE，搞快钱，那不是笔者的能力。

笔者至今没有证券账户。至少在目前阶段，觉得这属于自己的能力边界外的事情，全国几千家上市公司，笔者既没有办法联系到上市公司的老板，就算联系上了交情也不深；也没有办法弄清楚公司真实的财务状况和策略，所以炒不了股票。

创业，抠细节，做产品，带队伍，虽有过往经验，但是笔者内心抵触，终究也不是自己的能力。

目前看来，在笔者的能力圈界限内有两点比较明确。

第一点就是耐得住寂寞。

笔者曾经一个人在法国生活过多年。异国他乡，柴米油盐，独来独往。对我个人而言，我很享受一个人独自生活的日子。

第二点就是会思考。

笔者曾经有过一个非常夸张的经历。曾经有一次错过了上海到杭州的火车，恰巧那天笔者正在琢磨一个问题，就沿着铁路线，徒步从上海走回了杭州，足足一整天时间。边思考边徒步，并没觉得浪费时间。甚至觉得，最好的时光就是在独处的思考之中。

基于以上两点的能力，笔者从2020年开始，选择成为一名职业天使投资人。对于天使投资来说，其实投的是人。要花时间与早期创业者相处，同样需要独立思考与判断。这个事业是在自己的能力界限范围之内，当笔者与别人谈论交流天使投资的时候，笔者可以用非常肯定的眼神、语气向对方阐述这个天使项目，这不是靠胆量，而是靠自己对部分趋势判断的确定性。

笔者不一定懂创业者未来做成的那件宏大的事情会是怎么样，但是笔者能真正懂得初创公司的创业者在早期阶段需要什么。这就是笔者能力圈的边界，也正是笔者选择成为一名天使投资人的原因。

基于自己对能力边界的思考，笔者整理了三条建议与大家分享。

1.不懂不做

在投资领域，只投资自己真正理解和熟悉的公司和行业。例如，如果投资者对技术领域有深入的理解，那么在这个领域投资可能比投资自己不了解的医药领域更为明智。遵守这个原则可以帮助投资者避免不必要的风险，因为对投资目标的深入理解更有可能预测出有利或者不利的情况。在生活中，这也意味着要避免盲目跟风，应基于自己的理解和判断做决定。

2. 聚焦被忽视的机会

创业者要寻找竞争优势，这样我们才更有可能获胜。例如，一个熟练的棋手选择与初学者对战，其胜算无疑会大大提高。在商业环境中，这可以被理解为寻找并利用那些可能被竞争对手忽视的机会，这样可以提高自身的竞争优势，从而提高成功的可能性。

3. 站在圈子里，只打能赢的仗

专注擅长并且有优势的领域，这是"能力圈"概念的一部分。一个专业的篮球运动员只会专注于自身专业领域，而不是尝试所有的运动，因为在篮球这个领域他有更大的优势和更高的成功机会。在商业上，企业应该专注于自身擅长并且有优势的业务，而不是盲目扩张到其他领域。这可以使得企业更有效地使用资源，更快地达成目标。

总的来说，笔者希望大家都可以建立自己的"能力圈"，不再迷茫。

第五节
成年人只做筛选，不做改变

生活中，有太多人总是喜欢苦口婆心地给别人讲道理、说利弊，希望对方能心领神会、虔诚悔改，但往往事与愿违。

笔者以前也是这样的人。仗着自己有几分口才，习得了几分本领，就想扮演高人一等的角色，给人指指点点。但是到头来，发现消耗的是时间，是精力，对方也很少会因为你苦口婆心的劝导而做出改变。

这就是人性本身。人总是本能地对他人要自己做出调整改变充满抵触情绪。

笔者有一个好友，不安于平淡普通的生活，嘴上说是要考虑跳脱现状，经常找笔者一起聊天。

聊天的时候，他雄心勃勃要做出改变，但回过头来他又选择了绕回去做原来的本职工作。这就有点像"夜里想想千条路，早上起来走原路"了。自己要改变，要变得更优秀，但实际上真要迈出改变的那一步时，又退缩了。

另一好友向笔者抱怨股市行情不好，炒股亏了好多钱。换成从前，笔者一定会和他说："你为什么不听我的建议呢？你宁可听一个你从没见过的基金经理的判断，也不相信做创投的兄弟，我可是真心为你好啊。"

这就是现实情况，因为不在同一个认知维度，最难的事就是把自己的思想强加于他人并要求对方改变。

《人间值得》中写道：

> 千万不要尝试去改变一个人，那样不但得不到自己想要的结果，还会让自己处在痛苦之中，无法自拔。

日本著名实业家稻盛和夫说："成年人之间只能筛选，不能教育，克制自己去纠正别人的想法和欲望，因为人永远是叫不醒的，人只有痛醒。收起自己改造别人的想法和执着。无论朋友、伴侣、合伙人皆是如此。人教人，教不会，事教人，一次就够了。"

那这样的道理，是否也适用于创业过程中呢？答案是肯定的。回顾我的创业经历，我在"改变人"这件事上消耗了过多精力。笔者公司曾组建过一支销售团队，推广心理健康类目的产品。在组建这个销售团队的时候，团队并不具备多少经验，笔者也想当然地认为，自己会的销售技巧，也可以教会团队里另外的队员。但实际情况是，整个团队里，除了笔者是一个外向的人之外，另外几名队员都是相对内敛稳重的类型。对笔者来说比较容易的电销、陌拜的销售技巧，到了另外那几位队员这里就迟迟没有动静，无论笔者怎么传授自己的销售话术和销售技巧，这几个队员就是迟迟开不了单。

直到后来笔者才发现，每个人适合做什么，真的是与自身的性格相关。团队的几个人想不想赚钱？回答一定是想的。但是让他们放开手迈开腿向前推销，这不符合他们的个性，无论怎么传帮带，他们的内心是抵触的。试图把一个内敛的人改变成豁得出去的人，这太难了。其实现在复盘，当时最好的办法就是把这几位队员都果断开除了，招那些本来就具备销售激情和能力的人来销售。

当人们在创业的道路上踏出第一步时，常常会有一种冲动，想要改变周围的世界，使之符合自己的愿景。这种冲动在很多情况下是有价值的，但在人际关系中，这可能是一种负担。对于成年人来说，与其试图改造他人，不如通过筛选找到那些已经与自己的价值观和目标相符的人。这就是"只做筛选，不做改变"的原则，它可以帮助我们以最低的成本选择最合适的同伴。

社会学家罗伯特·库斯丹斯基说："人们倾向于与和他们有相似背景和态度的人形成社交网络。"在创业过程中，创业者需要找到那些能理解自己的愿景，共享自己的价值，能与自己并肩作战的人。如果试图改变那些与我们的目标不符的人，那么可能会花费大量的时间和精力，而这些都是早期创业者所不能承受的。

谷歌的创始人拉里·佩奇和谢尔盖·布林在斯坦福大学的研究生项目中相识。他们二人有共同的视野——创建一个可以组织全球信息并使其普遍可访问的搜索引擎。他们没有试图去改变或说服那些不理解他们的想法的人，而是选择了一起创业，携手构建他们的梦想。最后，他们的努力产生了惊人的结果，造就了今天的谷歌。

　　"只做筛选，不做改变"的原则不仅适用于找寻创业伙伴，也适用于招聘员工，寻找投资者，甚至是选择客户。这种简单而有效的策略，可以帮助我们在人际关系中以最小的成本找到最合适的人。在这个充满可能性的世界里，让我们选择与我们一起前行的人，共同创造伟大的事业。

第六节
找到最适合自己的节奏

笔者曾有幸造访了一处僻静的世外桃源——浙江深山中的径山古寺。这座古刹历经千年，依旧洗心静气。在那儿，笔者遇见了一位气色红润的老师傅。他正沉醉在扫落叶的工作中，那情景如诗如画。出于好奇，笔者上前询问："师傅，您是怎样做到这样的气色与精神状态的？"他笑了笑，回答道："春扫柳絮，夏挑山泉，秋扫落叶，冬除积雪。"听他这样说，笔者深感自己被他的生活节奏所折服，每个季节都有属于他自己的活动，这种规律的生活节奏让他保持了稳定的心态和健康的体魄。

从径山寺回来后，笔者开始思考这个问题，之前创业历程中的起起伏伏，投资决策中的犹豫不决，很有可能是因为自己并没有找到最合适的节奏。

所谓节奏，简单点说就是一个规律的拍子。

每个人都有自己最舒适的拍子。比如，如果你是一个早起的人，那么你可能会在早晨找到最高效的工作时间。相反，如果你是一个夜猫子，那么有可能到了深夜反而是你思维最活跃、灵感最爆发的节点。

每个人的思考方式都是不同的，理解自己的思考方式可以帮助自己找到最有效的解决问题的方法。比如，有些人可能是通过讨论和合作来找到解决方案的，有些人可能是通过独自思考和研究来找到解决方案的。

日常生活中的自律是寻找生活节奏的开始。正如孔子所言："吾日三省吾身。"人们应当以此为标准，检查和调整自己的生活节奏。

笔者并不完全认同所有的工作都需要按照中国古人所说的日出而作、日落而息这样的时间节奏。如果一个夜晚有灵感的人，硬生生要求他在清晨有产出，这是强人所难。一个把自身精力都集中在白天的人，要求他加班加点到深夜，其实也是徒劳。所以，找到自己舒适的工作节奏尤为重要。理解自己的能力和限制，清楚自己是个早起的人还是个夜猫子，认识到自己的思考方式是独处沉思还是集思广益，都有助于我们塑造出符合自己性格和习惯的生活节奏。

笔者曾看到一次针对篮球巨星科比·布莱恩特的采访，采访者询问科比是如何做到这么成功的，科比说了简单的一句话："找到自己的节奏。"这个节奏包括了场上的技术动作，也包括了生活方式。

在体育领域，顶级运动员们的生涯往往是一个不断寻找并适应新节奏的过程。看看科比，他的职业生涯后期不再凭借过人的身体素质，而是改变了打法，更多地依靠跳投和智慧。科比在退役前的几个赛季，他的移动速度已经不再像年轻时那样快速，但他依然能凭借着他的技术和对比赛节奏的掌控，给对手制造巨大的威胁。

他每天早上4点起床去球馆训练两小时，6点吃早餐，7点送孩子去学校，8点阅读，9点再去球馆训练，每天循环往复，风雨无阻。自律，是他最舒适的生活节奏。

在生活中，人们可能会遇到各种各样的问题和挑战，这就需要有强大的心理素质和耐心。耐心就像是一个人内心的指南针，它可以帮助我们找到正确的方向。有时候，人们可能会感到迷茫，不知道该如何做，这时候就需要静下心来，听听自己内心的声音，找到自己的节奏。

在职场上，找到合适的工作节奏也是非常重要的。不同的工作有不同的节奏，比如一位程序员的工作节奏可能就与一位市场销售的节奏大不相同。

同样，在学习上，每个人的学习方法和效率都是不同的，有的人可能喜欢一口气看完一本书，而有的人可能更喜欢慢慢品味每一章的内容。因此，找到适合自己的学习节奏，可以让我们更有效地学习，更快地进步。

总的来说，无论是个人生活，还是工作学习，甚至健康，我们都需要找到适合自己的节奏。

在以往的创业投资过程中，创业者往往会因为"一腔热血向前冲"而忽略了找到节奏的重要性。创业者因为经验不足，往往没有形成一个固定的行事准则。

在创业领域，找寻合适的节奏意味着从混乱到有序的转变。

比如，融资的节奏，如今的独角兽企业，例如美团、字节跳动等，他们不是等到资金短缺才去筹集资金，而是有计划、有预备地提前融资。产品发布的节奏也尤为重要，拿苹果公司来说，他们每年的9月都会定期发布新品，不仅让消费者有所期待，也让市场形成了一种节奏，进而影响整个电子产品行业的节奏。

创业者找到自己的节奏，首先是了解自己的能力和限制，知道自己在什么时候状态最好，何时最需要休息。其次是了解自己的思考方式，这样才能有效地解决问题。最后是有效地管理压力，避免过度消耗，使自己在工作和生活中保持最佳状态。

在投资领域，节奏的把控也非常关键。投资人也同样需要找到适合自己的节奏。21世纪初的互联网泡沫，当时许多投资者被市场的热潮所吸引，纷纷投资进入这个看似大有前途的新兴领域，期望能快速获得回报。然而，当泡沫破裂时，许多投资者因为跟随市场的快节奏，没有真正理解并评估这些互联网公司的真实价值，结果造成了重大的损失。相比之下，像查理·芒格等传统价值投资者，他做投资就像种植家，耐心地等待价值的孕育和收获。他说过："我是个很有耐心的投资者，我愿意等待，我会等待股价足够吸引人。"这种耐心的投资风格就是他的节奏，而这个节奏让他在变动的市场中稳定前行，即便是在市场疯狂的时候，他依然冷静分析，坚守价值投资的原则，最终在泡沫破灭后，他的投资策略得到了验证，赚取了可观的回报。

智者有云："舍己从人，不如舍己从己。"这句话告诉人们，应该追随自己的内心，而不是盲目地追随别人。只有找到属于自己的节奏，才能真正实现自我，才能真正实现成功。所以，无论是创业还是投资，找到并坚持自己的节奏至关重要。人们在变化的市场中，节奏不仅决定了自己的决策方式，也影响着自己面对市场挑战的态度和决心。只有找到自己的节奏，才能在快速变化的环境中保持冷静，才能在挑战面前坚持下去。

　　人生就像是一首歌，每个人都有自己的节奏。只有找到并坚守自己的节奏，才能从容地面对生活中的起起伏伏，不被市场的波动所动摇，也不会因为外界的干扰而分心。就如同那位在径山古寺扫落叶的老师傅一样，从容地生活，找到属于自己的节奏，这才是应该追寻的生活之道。

第七节
做最真实的自己

笔者离开了创业多年的公司后，便不再参与公司日常事务的具体运营管理，而是投入让自己觉得最舒适的创投事业。

笔者的创业公司虽然不是什么特别知名的企业，但是因为公司所处的行业赛道属于科技的前沿，所以经常会有很多论坛、会议需要出席。但是时间越久，越发现在创业的这条路上，"虚"的东西特别多。

总能听见很多创业公司在投资方面前吹得天花乱坠，一会儿是"我们的技术是全球顶尖"，一会儿又是"明年我司的销售额将过亿，三年内我司将实现上市"等此类的豪言壮语。回头一看公司的实际情况，可能噱头大于实力，只是为了博资本、政府的眼球，真正具备真才实学的优质企业少之又少。

当然，很多创业公司在早期发展阶段为了获得关注和扩大知名度，做一些适当的PR行为是很有必要的。但是，一旦虚假过了头，或者创业的初衷变了质，最终的结果一定是负面的。

曾经有个"滴血验癌"的骗局，教训尤为深刻。

Theranos是一家位于美国硅谷的健康科技公司，由霍姆斯于2003年创立。这家公司的主要产品是一种名为Edison的血液测试设备，它号称只需一滴血就能进行上百项的医疗检测。这个想法看似非常吸引人，因为如果成功，它将彻底改变当时的医疗系统。

然而，尽管Theranos的产品听起来非常具有吸引力，但实际上它并未达到其所宣称的效果。公司在技术开发和产品测试方面存在许多问题，但公司的创始人霍姆斯并没有向公众、投资者和监管机构如实反映这些问题，反而是通过各种手段来掩盖事实，误导公众。

霍姆斯利用她的魅力和雄心壮志吸引了许多著名的投资者和商业伙伴，包括了像拉里·埃里森这样的富豪以及像沃尔格林这样的大型零售商。然而，当一些员工开始怀疑公司的产品和操作，并把这些问题向外界披露时，情况开始发生变化。

2015年，《华尔街日报》发表了一系列的文章，揭露了Theranos在技术、运营和商业实践上的众多问题，这引起了公众和监管机构的注意。在接下来的几年里，Theranos经历了一系列的法律诉讼和刑事调查，最终在2018年宣布破产，霍姆斯本人也落得锒铛入狱的下场。

在后续的追踪报道中，人们得知其实早在创业初期，创始人霍姆斯本人就已经发现公司的技术实力并没有办法实现自己吹过的牛，但是碍于虚荣心和面子，她却选择了用一个又一个谎言去掩盖事实的真相。

这个案例提醒创业者，即使再有雄心壮志的想法、再大的梦想，也不能忽视基本的原则和道德。在创业和投资的过程中，必须坚持真实，须对自己、对投资者和对公众负责。如果忽视了这些基本的原则，试图通过欺骗和误导来达到自己的目标，那么最终的结果可能会是灾难性的。

"世界上最珍贵的，可能就是真实。"这句话仿佛一盏明灯，照亮着我在繁华复杂的创业与投资世界中行走的道路。作为一位创投界的"江湖郎中"，笔者一直关注着各类新兴企业，努力探寻其中的真实。

A股有数千家上市公司，全国创业公司有不下千万家，地方政府招商引资项目无数，然而其中真正如实反映实际情况的又有多少呢？这背后体现的不仅仅是经济的现实，也暗示着社会、人性的问题。社会需要尽职调查的角色，人们需要洞察真伪的眼睛，我们需要坚守真实。

真实，这个词对笔者来说有着至关重要的意义。我也曾经痴迷于各种虚名，痴迷于被称为"老总"的虚荣，痴迷于与社会知名人物的合影，痴迷于花团锦簇。然而，当夜深人静的时候，笔者开始反思，在自己过往的人生之中，究竟什么是真实的。用一句现在说唱界很流行的话来说："真的永远是真的，假的永远都是假的。"

"一个人越没什么，就越想展露出什么。"
这其实就是人性。
选择做最真实的自己，无疑是一种挑战。

哲学家苏格拉底在一次课上，举着苹果在教室里走了一圈，问同学们闻到了什么味道。

几乎所有的同学都说闻到了苹果的香味，只有一个同学例外，说他什么都没有闻到。

答案揭晓：没有任何味道。因为苹果是假的。

这个坚持己见、敢于表达自己观点的同学就是柏拉图。

尼采说："不要让我们的大脑成为别人的跑马场。"

与其跟在别人屁股后面亦步亦趋、拾人牙慧，不如去寻找自己的田园，享受属于自己的独特风景。

不盲从，是一种清醒的生活态度，更是一种独立的人生选择。

它能让我们清楚地知道自己真正需要的是什么。

与盲从告别，你会慢慢成熟，看到不一样的天空。

在这个探索真实的过程中，笔者特别欣赏段永平的人格魅力。虽然与他素未谋面，但是从相关的采访及文稿当中，能真切地感受到他是一个无比真实的人，尽管他的身价地位已远超于常人，但是他的"知之为知之，不知为不知"的人生态度，对笔者产生了很大的影响，让笔者对"真实"有了更深的认识。

然而，真实并不等同于完美。每个人都有缺点，每个公司也都有问题。创业者需要做的，是诚实面对自己的优点和缺点，是勇于改正自己的错误，是始终坚持自己的原则和价值观。这就是真实，这就是自我革命。这可能会困难，这可能会痛苦，但只有这样，才能真正地实现自我价值，才能真正地对得起自己的生活。

因此，让我们一起勇敢地迎接这场自我革命，让我们一起勇敢地做最真实的自己。

愿你我皆真实。

第八节
你大可不必太聪明

在中华大地上，流传着一句话："智者千虑，必有一失；愚者千虑，必有一得。"这并不是说聪明反被聪明误，而是告诫人们，与其自作聪明，不如安于愚钝，实则体现了一个人的深思熟虑和处世智慧。

以韩信为例，作为中国历史上一位极有才华的将领，他因为过于聪明，反而陷入了权力的漩涡。他的聪明在战场上无人能敌，但在权力斗争中却频频受挫。他的才华引起了他人的嫉妒，最终导致了他的悲剧。如果他在这方面能够愚钝一些，甚至保持沉默，可能他的命运会有所不同。

另一个值得一提的故事是奔驰和桑塔纳车主与乞丐的故事。在这个故事中，乞丐在红绿灯处向车主乞讨，桑塔纳车主施舍了五元钱，而奔驰车主则没有给钱。一些人认为桑塔纳车主的行为表现了他的慷慨和善良，但也有人认为，作为一个普通人，过度的慷慨和施舍实际上可能不符合他的实际情况。如果桑塔纳车主能够更加理智地看待这个问题，他可能会做出不同的选择。

同样，这个故事也说明了一个道理：在处理人际关系和社会事务时，过度的聪明和过度的插手往往会带来不必要的麻烦和压力。因此，需要学会适度的"愚钝"，也就是在适当的时候选择沉默，不去插手不该插手的事情，保持自己的独立思考和决策，这样才能真正地安身立命。

聪明反被聪明误是人们常会听到的说法。这并不是说要完全放弃我们的智慧和才华，而是要明白何时应该展现自己的聪明，何时应该保持沉默，何时应该选择"愚钝"。这是一种处世的智慧，也是一种生活的艺术。

然而，愚钝并不等同于愚昧，也并不等同于放弃进步。相反，它是一种深度的理解和智慧，是一种对自身和世界的深刻认知。所以，我们不必太聪明，但我们必须聪明地理解自己和世界，聪明地应对生活的挑战，聪明地处理人际关系和社会事务。

笔者很喜欢"智者惜口，愚者指点江山"这句话。

这句话的意思是，智者会保持沉默，而愚者会随意评论和指点。它告诉我们，真正的智慧，不在于我们口中说出的多少话，而在于我们如何理解自己和世界，如何应对生活的挑战，如何处理人际关系和社会事务。

观察我们身边真正有财富的人，就好比前文提到的那位奔驰车主，他们往往不会好为人师，不会主动去提醒和指点那些他们知道不行的人。他们明白，人的成长需要经历和失败，需要自我探索和实践，而过度的指导和干涉可能会剥夺他人的学习和成长的机会。他们明白，人生的经验不是可以简单地传授给他人的，每个人都需要通过自己的努力和经历来获取。

所以做好自己分内的事，少说多做准没错。

第九节
我们如何才能保持不败

华杉老师讲《孙子兵法》时说：《孙子兵法》不是一部战法，而是不战之法；不是战胜之法，而是不败之法；不是以少胜多之法，而是以多胜少之法。

什么叫"不战"呢？第一是打不赢就不要打。如果明摆着实力悬殊打不赢对方，不战。第二是打得赢，但是代价太大，杀敌一千，自损八百，也不要打。第三是打得赢也打得起，但是等等别着急打，看看能不能不用打就让对方投降，这叫"不战而屈人之兵"。

什么叫"不败"呢？就是不要一味追求胜利，要追求不败。不要以胜利为目标，要以不败为目标。为什么呢？因为追求胜利是没有底线，追求不败是有底线。把时间维度拉长到一辈子，有可能不犯错，也就是不败，就是最大的胜利。但往往这才是最难的地方。因为贪心和侥幸是一对孪生兄弟，是人性最大的毛病。可能创业一辈子，一辈子都在修行，在与贪心和侥幸抗争。

通过习读《孙子兵法》和华杉老师的讲解，笔者也有一些思考。对于一名创业者而言，如何才能做到不败？

一、选择相对弱小的对手

现代商场虽然残酷，但是毕竟不像古代战争一样人命关天。至少我们现在拥有选择的权利。那么，假设今天你要去打一场比赛，选择先挑战哪个对手就很重要。现在有三位选手，一位是经验丰富的职业选手，一位是经验一般但装备精良、后勤有力的选手，还有一位是刚学会皮毛的新手。去哪张牌桌，你的赢面会更大呢？

相较三者而言，当然是新手更适合我们。我们不一定每一次都能赢，但是从整场比赛下来，至少我们可以大概率保证自己不输。

挑选对手，要尽可能找比自己弱的人挑战，同那些"人菜瘾大"的人比试。

但还是有很多创业者凭借自己的满腔激情和豪言壮志，一开始就选择与巨头正面对抗。最典型的就是罗永浩老师的锤子手机，一开始就选择与苹果手机对抗，最终因为产品、价格、服务等多个方面无法与巨头匹敌而导致失败。

二、降维打击

降维打击的策略，源自刘慈欣的科幻小说《三体》中的战略理念。

《三体》中有句话："我消灭你，与你无关。"在商业上，指的是通过打破行业边界，利用自身在其他领域的优势，对竞争对手造成意想不到的打击。

中国方便面市场连续三年销量下降80亿桶，其中康师傅首当其冲。是这三年来方便面不好吃了吗？不是。方便面的口味、花样、包装等不断推陈出新。打败康师傅方便面的不是统一、今麦郎等方便面品牌，而是外卖和高铁。智能手机和移动支付普及后，坐在家里手机一点，各种新鲜热乎的外卖一二十分钟就送到家，有了比泡面更好的替代品。原来坐十几个小时的火车要备两桶泡面，现在高铁三五个小时就到，失去了吃泡面的必要。

近年来绿箭口香糖市场大幅下滑，它的对手不是益达，而是智能手机。口香糖最重要的消费场景是在收银台，过去顾客在排队缴费的时候无聊就往购物篮里拿上两盒口香糖，而今天大家都在刷智能手机，根本无暇再去注意口香糖。

试想一下，假设现在有两个国家在打仗，一个国家的士兵骑马，另一个国家的士兵开着坦克，你感觉哪个国家胜算大一点？

毫无疑问，骑马的士兵会成为活靶子，终将倒在坦克的轮子下面。为什么我们不用看开坦克的士兵是谁就能认为这场战争一定是开坦克的胜利呢？

原因就在于坦克跟骑兵在战场上的战斗力是悬殊的，两者根本不在一个维度。坦克对阵骑兵就像是大人跟小孩打架一样，不出意外的话，小孩是不可能打败大人的。这就是所谓的"降维打击"。

那我们如何才能做到"降维打击"呢？

笔者认为是利用自己的最强优势，跨行业竞争。为什么这么说呢？因为在同行业里，永远有人比你更专业，如果在同一个行业里，最终的结果只有一个：大部分的精力不是消耗在进攻端，而是防守端。你做得越大越好，就会有越多的敌人攻击你，最终卷入进退两难的境地。

那么跨行业竞争呢？俗话说隔行如隔山，一旦你把自己最大的优势在另一个领域释放出来，可能轻而易举就能取胜。

网上有个知名金融博主叫"小玲"，她在金融圈内一定不是最漂亮的，但是她既有金融的才华，又有相对不错的颜值，那么在自媒体行业，反而变成了香饽饽。但如果她要在基金证券投行等行业靠自己的硬实力内卷，那她就得与千万金融人竞争，无论是才华和颜值，她都不是最顶尖的。转移到了财经自媒体端，她的颜值成为巨大的优势，在大家输出的内容都差不多的情况下，谁不愿意看一个更年轻貌美的人讲财经呢？

还有一个北大"屠夫"陆步轩的例子。就算是北大的毕业生，即使头顶"北大"的光环，走出校园步入社会以后也避免不了与清华、浙大这样的学生竞争，少不了"内卷"。但是陆步轩选择养猪，他就把竞争对手成功地从和他一个维度的高才生转向了农民。北大才子养猪，就真的比养了一辈子猪，甚至几代人都在养猪的人更会养猪吗？从技能上来说不一定，也可能比不上。然而从知识结构和认知层次上来说，养猪人几十年才积累的经验，对他来说只需要几年甚至几个月就可以完成总结乃至重构。对同处在时代里的养猪人来说，这就是一种降维打击。如今，陆步轩的数字化养猪方式已经带领广东当地村民致富，完成阶级跨越。

所以不管在什么情况下，创业者都要仔细思考自身的优势，并且把这个优势极限放大并发挥在另外一个行业中，实现降维打击。

三、打不赢就跑

《孙子兵法》不是教你打赢，首先是教你认清形势。学会不恋战，才算真正进入了智慧之门。对于处于劣势的一方来说，首先要保证自己的生存，然后才能找到机会反击。

在狂热的商业竞争中，抱有好胜心和进取精神是必要的，但过于执着于每一场战斗，无论是否有胜算，都坚决交锋，却往往会导致企业精力分散，甚至被强大的竞争对手逼入绝路。创业过程中，许多人常常陷入一种困境，即使面对的竞争对手实在太强，也要选择与其对抗，直到消耗殆尽。他们不愿意认输，坚持不懈，直到最后一刻。然而在这种情况下，他们最终可能连东山再起的资本和机会都被消耗殆尽。

在奈飞公司创业的早期，它曾是一家依靠邮寄DVD租赁业务起家的公司，后来转型为在线视频流媒体服务提供商。然而，当苹果和亚马逊等科技巨头纷纷进入这个领域时，奈飞并没有选择与之正面硬碰硬，而是明智地转战到原创内容制作领域，最终以《纸牌屋》等热门剧集取得了巨大的成功。这个案例表明，当发现无法与竞争对手进行直接竞争时，及时撤退并转战其他领域，可能会开启全新的发展机遇。

倘若奈飞公司选择与巨头直接抗争，可能早就淡出商业世界了。

在公司的生死存亡面前，面子、舆论其实都不重要。在当自身实力不及对手时，我们就赶紧逃跑，不丢人。学会认输，才能赢。好好修炼自己的内功，来日方长。

第十节
你会舍得吗

最近看到一则故事，很有意思。

一个村子的后山中，住着许多猴子。这些猴子经常到农户家中偷吃米，村民们十分生气，却因为猴子太狡猾，捉不到它们。

这天，一个人夜宿在这个村子里，听说了猴子总是到村里偷米的事情，他想出一个办法，帮助村民们抓猴子。首先，每家都准备一个透明玻璃瓶，并在瓶中装上米，然后把瓶子挂在自家门前的树上。

第二天一早，村民打开房门，看到家家户户的门前，几乎都有一只猴子。猴子看到人出来了，着急跑，却好像被什么东西牵住了四肢。仔细一看，原来是猴子的爪子还在瓶子里抓着米，因为不愿意松开爪子，所以爪子被卡在瓶口间，出不来了。

在这个故事中，猴子们被自身的贪婪和执着困住，无法逃脱。如果它们能意识到自己的困境，选择舍弃手中的米，那么就能轻松逃脱。然而，它们过于贪婪，舍不得放弃已经得到的东西，即使这个东西最终会使它们陷入困境。

对于创业者来说，这个故事是一个很好的警示。在生活或工作中，人们可能会遇到类似的情况，为了追求更大的利益，而忽视了自身的状况和可能的风险。有时候，适时地舍弃，反而能帮助我们获得更大的自由和可能性。古人云："满招损，谦受益。"知足常乐，适度舍得，这不仅是一种生活智慧，也是一种成功的人生态度。

创业者在追求事业成功的道路上，同样需要有这种"舍得"的智慧。当面临选择，是否舍得放弃一部分眼前的利益，去投资未来，去建设团队，去分享成果，这往往能决定一个创业者的远大前程。如同猴子故事所阐述道理一样，只有愿意舍得，才能获得真正的自由和更大的成功。

在浩浩荡荡的创业海洋中，每一个航船的掌舵者都需要具备清晰的方向感和远大的眼光。然而，除此之外，创业者还需要掌握一种重要的人性智慧，那就是学会"舍得"。

笔者的一位好友是我们当地知名的企业传承人，经营着本地最大的泡沫厂，尽管近年遭遇疫情的冲击，生意却令人惊讶地逆势上涨。然而，随着生意的不断扩大，他的苦恼却越来越大。

事实上，他正在经历一个典型的家族企业发展中的难题。尽管生意兴隆，但他却常常发现自己无法从琐碎的日常事务中抽身出来。不仅需要亲自去谈每一笔生意，还要处理应酬和各种管理问题，成了厂里的"超级业务员"。

当笔者问他为何不让总经理来负责调度和执行事务时，他表示总经理换了一个又一个，总是留不住。这让笔者感到困惑，因为厂子的效益非常好，给总经理的年终分红应该很丰厚，怎么会留不住人呢？

他的解释揭示了一个关键问题，那就是股权。笔者好友的父亲在把厂交给他时，唯一的要求就是不能将公司的股份分给外人，连1%的股权也不行。这就意味着，即使公司的业绩再好，总经理也只能得到一定的提成，而不能拥有真正的股权。这自然会使总经理产生去更高薪酬地方跳槽的想法。同时，这也使得脏活累活都留给老板一个人做，让他身心俱疲。

他的这个问题就是典型的"不舍"问题。因为固执地守住股权，反而让自己无法获得真正的利益。如果他能舍得一部分股权，换来的可能是一个有能力、有动力的总经理，这样不仅可以帮他分担责任，让他有更多的时间和精力来考虑更宏观的战略问题，更重要的是，他也许能获得一位真正意义上的合作伙伴，和他共同推动公司的发展。

舍得是一种智慧，是一种能量，也是一种态度。即使是已经发展壮大的企业，如果不愿意"散财"，也还是无法笼络人心。

何况对于刚刚起步的创业公司呢？

笔者认为早期创业公司，最重要的就是人。只有把人聚集到自己的身边，才能集结成一股强大的力量，共同去完成一项伟大的事业。最简单实现"聚人"的方式，就是"散财"。因为人的本性，大多数时候都是为了利益而聚集在一起。在早期创业的时候，很多创业者都会把自己的股权看得非常重，一点都不舍得分给合伙人和员工。但其实，对于一个初创公司来说，人才的重要性远远大于股权的重要性。只有把优秀的人才聚集到自己的身边，公司才有可能发展壮大。如果创业者因为对股权的执着，导致优秀的人才不愿意加入，那么可能会失去一个伟大的公司。大多数时候，人们是为了利益来到公司。因此，能否多为我们的合伙人考虑一些呢？能否舍得把股权、利益，甚至是自己的荣誉分享给他们呢？创业者们应该分享股权和利益，为合伙人和员工创造一个公平、公正的环境。创业者需要认识到，一份大蛋糕的小块，往往比一份小蛋糕的大块更有价值。因此，公司的创始者应该舍得分享，用大度和宽容去吸引更多的人才，为公司的未来打下坚实的基础。

这样，公司就能形成一种正向的循环：通过散财聚人，可以招聚到一群优秀的人才，这些人才会通过他们的努力，帮助公司实现更大的成就。这样的成功，又会吸引更多的人才加入，形成一个不断扩大的人才库，推动公司持续发展。

在生活中，有些看似微小的事情，其实可能会产生巨大的影响。以下几个小技巧，就是如何通过"财散人聚"的方式，建立并加强人际关系的生动例子。

首先，"请人吃饭主动买单"。这是一个传统而又非常有效的方式。请人吃饭主动买单，既表达了对他人的尊重和欣赏，也显示出你的大气和豪爽。这种表达，可以打开他人的心扉，加深他人对你的好感，从而更容易建立和加强关系。

其次，"后备厢永远备着礼物"。这个小技巧可以在任何不期而遇的机会中，展现你的周到和细心。无论是突如其来的聚会，还是无预期的偶遇，一个恰到好处的礼物，总能给人留下深刻的印象。同时，它也是一种投资，一份小小的礼物，可能换来的是一个长久且有价值的友谊。

最后，"帮别人叫个专车"。记住，别为省几块钱叫"快车"，而是"专车"。这个行为虽然小，但它传达的信息却很重要：我在乎你的舒适感，我关心你的安全，我愿意为你买单。这种细心和体贴，往往能够深深地打动人。

　　这三个小技巧都体现了"财散人聚"的思想。财散人聚并不意味着要挥霍金钱，而是要明智地利用我们的资源，以此来建立和加强人际关系。这是一种策略，也是一种智慧。因为在很多时候，人际关系的价值远大于金钱。一个强大的人脉网络，可以帮助我们解决问题，实现目标，甚至开启新的机会。

　　最后，还是那句话："小舍小得，大舍大得，不舍不得！"希望对大家有所启发。

第四章

投资有道

第一节
投资、投机和赌博

真正让笔者静下心来对投资深度思考的，是李录先生。在一次偶然的机会，读到了李录先生的《文明、现代化、价值投资与中国》一书。可以说李录先生的思想极大激发了笔者对投资领域的兴趣与探索，甚至感到有些激动。

为什么会感觉激动呢？实话实说，在看到这本书之前，身边很少有人能理解笔者的投资逻辑和行事准则。我的十年创业之路，恰恰也是一个价值投资之路。虽然与李录先生素未谋面，但是他的思想观点让笔者感觉自己走的是大道，是正道。

李录先生在书中多次提到投资、投机与赌博的区别。

笔者先就李录先生和网上一些博主的观点，说说这三种行为有什么不同。

所谓投资，一般指的是价值投资，着重点在于标的物的"内在价值"，即标的物未来能够创造的现金流价值折现。

通过分析标的物的过往成绩和内在因素，预判未来该标的物每年都有稳定的增长，能够为公司和股东带来多少价值。

如果该投资标的基本面没什么问题，一旦投资几乎不会考虑卖出，除非基本面发生转变。

价值投资，用巴菲特的话说，就是以五毛钱的价格，购买一元的优质资产，然后长期持有，最终获益。

这里有三个非常重要的关键词："五毛钱""优质"和"长期"。

"五毛钱"指的是公司价值有被低估的时候，讲究的是一个时机；"优质"指的是基本面，优质的投资标的基本面几乎不会怎么动摇；"长期"指的是我们要做时间的朋友，不要做时间的敌人。

投资者在一个被市场低估的时机投资一家基本面不错的公司，并且长期持有它的股权，静静等待收益。比如贵州茅台、可口可乐，苹果，这些公司的基本面都没什么问题，一旦投资后可以长期持有，公司也能为投资者每年带来稳定的回报。这就是投资要做的事。在投资者做投资决策的时候，一定要把这三个关键词想清楚。

什么是投机呢？

投机，更多的是预测某个事件会在某时某地因为某些原因很大概率会发生，因此为此做好准备，静候事态的发展，等待猎物的出现，捕到猎物就撤，决不恋战，等待的时间有可能很快，也有可能很长。

投机，侧重点在于择时择地，在某一个临界点到来之际，重拳出击，攫取猎物。

什么是赌博？

任何没有思考清楚风险和做好后路安排的盲动行为，都属于赌博行为。赌博求的就是一个刺激痛快的过程，立马下注，立马开奖，但是对于结果的把控无法做到胜券在握。

很多人说对于价值投资、投机和赌博的认知一般应用在二级市场做交易上，上述对于三者的定义分析也更偏向于围绕金钱获利，但是我认为其实在一级市场的创投领域，这样的理念也照样适用。

对于以上论述笔者基本认同，但也稍有不同。

笔者认为投资是一种利益互得的行为。也就是说，一旦选择投资某个标的，投资和被投对象在未来都会取得正向收益。这种行为是存在确定性的。

举个例子，如果一名投资者选择投资一家公司，付出了金钱、时间、资源，帮助这家公司继续成长。得益于投资者的投资，这家公司发展得比原来更好，并且在未来的某一天，这家公司会用某种特定的形式回报于投资者。可能是金钱，也可能是资源。

同理，投资者投资的对象也可能是人。假设现在有一名年轻人，经过长时间与其相处，能够确定他在未来大概率会成就一番伟业，投资者就愿意在他身上花时间、花资金，为他牵线搭桥。在未来某一天，这位年轻人做出了一番成绩，他也会以某种方式回报投资者。

笔者所理解的投资，不仅限于金钱，投资行为最终的结果是具有确定性的。投资者从做出当下这个投资举动开始，就非常确定在未来的某一天双方都能获得正向收益。

那什么是投机呢？

就是根据实际发生的事件带来的机会而做出的举动。投机的重点在于"机"，一般是利用时势或者其他有利因素，抓住稀缺机遇获利的行为。但是这种行为的结果存在不确定性。

比如，周杰伦要在上海开一场演唱会，很多黄牛就借此机会囤了大量演唱会的票，准备在演唱会当天高价倒卖给观众。这也是一种投机行为。因为黄牛心里也没有底，当下原价囤的门票能否在当天全部售罄。

笔者认为的投机，投机者的举动是在自己的认知范围内做出的，最终的结果是有机会获得正向回报的。

什么是赌博？

那些在自身认知范围外做出的投入行为都是赌博。因为投资者没有任何的主动权，只能听天由命。

比如在股票市场，今天一位股民选择买入100手上市公司的股票，但是其对该上市公司的业务完全不了解，也不知道它的未来发展趋势，纯粹只是听基金经理推荐或者是依据热点的判断。其无法对最终的股价产生影响。这就是一种赌博行为。

同样，一个人手里有一笔资金，今天他听朋友说有个楼盘不错，准备购入一套房产，但是他也不知道未来房价的走势是上涨还是下跌，这也是一种赌博行为。

其实不论投机、投资还是赌博，在很多人眼中，并不认为有本质区别。每个人的认知领域、成长环境不同，做出的选择当然也不相同。

那么我们为什么还要讨论这个话题呢？

不论是投资者还是投机者，还是赌徒，都有一个共同的敌人，那就是时间。

假设每个人都有无限的时间，理论上每个人有无数次的机会可以试错重启。但事实是，每个人的时间都是有限的。在极其有限的时间内，人们要做出对自己更有利的抉择。

越早明白自己适合成为哪一类人，人们就拥有更多容错的时间。很有可能，此时的你正打着投资的旗号，实际上是干着投机和赌博的事情，你却浑然不知，毫无察觉。

尽管这三者可能都会带来收益，但选择哪种方式最合适却取决于个体自身的性格、经验、知识和风险承受能力。

因此，尽早了解和接受自己的定位至关重要。人不能抗拒错误，也不能逃避错误。人的一生一定会犯错误。人们需要勇于承认错误，从错误中吸取教训，然后在错误的基础上改正并前进。只有这样，才能确保自己不是在与时间作无谓的抵抗，而是在充分利用时间，推动自己的投资生涯向前发展。

尽早确定自己是投资者、投机者还是赌徒，可以帮助人们更好地规划和利用时间，这是人们在投资道路上取得成功的关键步骤。从今天开始，勇于面对自我，理性地接受自己的错误，尊重并善用时间，以实现自己的投资目标。

第二节
我们是创业者，恰巧是投资人

在创业繁花盛开的世界里，投资者们摩拳擦掌，准备好出手投资最有潜力的新兴项目。然而，成功的投资不只是对技术和商业模式的理解，更重要的是对创业精神的深刻理解和尊重。资本大佬张磊曾经说过："我们是创业者，恰巧是投资人。"这句话概括了他创办高瓴资本的理念，并且至今不变。正是这样的创投理念，成就了他"中国投资教父"的行业地位。

笔者特别喜欢并且认同张磊先生的这句话，并将其书写在卷轴上，挂在自己办公室的墙壁上，以此日复一日地提醒自己：我首先是一名创业者，其次是一位天使投资人。

这段话蕴含的深意，可以理解为两层。首先，它强调以创业者的视角来评估和投资项目，这样才能揭开项目的真实面貌，找到真正有价值的投资。其次，它提出把投资工作看作一场创业活动，这需要人们像创业者一样思考问题，与项目方并肩作战，才能真正领略到创业的挑战与乐趣。

无论是哪一层含义，笔者都深深赞同。投资圈存在的一个问题就是投资者过于习惯了身为甲方的角色，常常认为自己掌握了资本就可以居高临下地对待创业项目。但笔者深信，做天使投资并非坐享其成，更不是高人一等。反而，需要以谦卑的姿态深入投资的每一个环节，与创业者并肩作战，深度理解项目和团队，这样才能真正投出价值。

2020年夏天，笔者有了一次宝贵的机会独自在天台山上闭关了一周。在那短暂的时光里，笔者深刻反思了自己的职业生涯和个人能力。

笔者开始意识到，尽管自己对创业有巨大热情，但自己的性格并不适合承担CEO的角色，也无法有效主导整个创业项目。然而，笔者发现自己有着另一种特质和能力，那就是为创业项目提供支持，成为那个在背后默默贡献的人，用自己的资源和经验帮助其他创业者成功。

那一刻，笔者明确了自己的职业方向。笔者决定，成为一名天使投资人，用我的经验、知识和资源，为那些有激情、有能力的创业者提供帮助，让他们可以更专注于自己擅长和热爱的事情。这一决定让笔者找到了自己的价值所在，看到了自己可以在创业生态中发挥的独特作用。

但并非所有投资人都适合做天使投资。一名优秀的天使投资人需要具备以下基因。

一、一名优秀的天使投资人需要具备从0到1的创业经验

在创业的早期，将一个想法变为现实的过程是非常艰难的。只有经历过这个过程，才能真正理解创业者的心态和挑战，才能做出真正有利于项目的投资决策。硅谷的保罗·格雷厄姆是创业加速器 Y Combinator 的创始人。在他开始做投资之前，他是一个成功的创业家，他的公司 Viaweb 在1998年被雅虎收购。有了这样的创业经历，他能更好地理解他的投资项目，更好地指导他们。

过去十几年，笔者一直在连续创业。从最早期在校园门外摆地摊卖甜甜圈，到创办"最后一公里"的快递配送，再到合伙创办脑机接口公司，虽然没有做出特别亮眼的成绩，但是也积累了大量创业公司从0到1的经验。虽然不能准确预测哪位创业者一定会成功，但是知道他怎么做更容易导致失败。

只有亲自踏过0到1的创业之路，才能明白逆水行舟的辛苦，才能理解在万般困厄中找到生存之道的艰难。没有一家公司在创业初期不会遇到困难的。只有自己亲身经历过创业从0到1的阶段，才能在被投企业遇到危机时临危不惧，保持镇定。

做投资，陪跑也是不容易的。在有创业经验的投资人眼中，企业碰到的挫折也许是改进业务的最佳机会，在没有创业经验的

投资人眼中，也许这就变成了撤资退股的一种说辞。

二、天使投资人其实是企业的事业合伙人

笔者一直认为，要么不投钱，如果非得投钱，也得把人投了。意思就是说一旦选择投资这家企业，天使投资人不应该仅仅只做这家企业的财务股东，而更应该成为它的事业合伙人，帮助对接资源，助力企业成长。天使投资者，不仅是资金的提供者，更是创业者的伙伴和朋友，同样也是他们的陪跑者，陪他们渡过最困难的时期，一同迎接未来的挑战和机会。

在投资的道路上，有资本的人很多，但有创业合伙精神的天使投资者却很少。身为天使投资人，需要时刻提醒自己，自己首先是创业者，其次才是投资者。只有这样，才能真正理解创业者，才能真正地投资未来。

三、要对新事物有足够的好奇心

很多投资人的眼里只有钱。每次调研新项目，这类投资人问的问题一定是目前的市场营收、利润、估值、什么时候上市等这一类的问题。他们只把创业公司当作一个个可以交易的产品，只在乎买入卖出的价格和能赚到多少收益。在他们的眼中，很少能看到他们对于新事物新模式的光芒。的确，笔者也认同资本是逐

利的，人们要尽可能避免做亏本生意。但是如果眼中只有钱，那创业者很难等到开花结果的那一天。

好奇心是人类智慧的摇篮，是推动我们前进的内在动力。它推动我们走出舒适区，探索未知，追求创新。在投资领域，特别是天使投资领域，好奇心更是必不可少的。

新的创业项目通常是在一片未被开垦的土地上生长出来的。它们可能代表了新的思想，或者是基于新的技术。如果一个投资者对新事物没有好奇心，那他很可能会错过这些具有潜力的新兴领域和新的创业项目。

四、内心足够强大，耐得住寂寞

做天使投资需要内心足够强大，足够抵住非议。当投资者的投资决策与主流观点相左时，就需要有足够的信心和勇气坚持自己的判断。

有一次，笔者跟随一些创业高管调研一家做裸眼 3D 的创业公司。

在他们眼中，公司现在的规模不大，技术也并非全行业最领先的，这家公司似乎没有什么投资价值。

但是笔者看到了这家创始人改变世界的热情，看到一家年轻的创业公司几十个人想要"把世界带到你的眼前"的决心。

虽然这些高管们并不看好这家公司，但我坚信恰恰是这样的公司，在未来一定会一鸣惊人。

在投资的早期阶段，创业项目也往往面临着不确定性。作为投资者，可能需要长时间与创业者一起探讨和研究项目，天使投资者需要耐得住项目在长期发展过程中的低迷。创业项目往往需要数年的时间才能达到成功的阶段，而在此期间，投资者可能需要与创业者一同面对各种困难、挑战和失败。这个过程中，投资者需要坚持自己的判断和信念，即使周围的人对项目持怀疑态度或提出质疑，也要保持自己的决心和毅力。在项目投资后还需要面对结果的不确定性。即使经过仔细研究和分析，投资者也无法保证每个投资项目都能取得成功。有时候，投资者需要经历长时间的等待和观望，面对投资项目的不确定性和市场波动。在这个过程中，投资者需要保持冷静和耐心，不被外界的喧嚣和压力所影响，坚守自己的投资决策。

在天使投资领域，有几类人可能无法成为优秀的天使投资者，而创业者在选择投资者时也应该擦亮眼睛。因为与这些类型的投资者合作，很有可能会给企业带来压力，而非解决问题。

首先，喜欢赚快钱的人通常是那些只追求短期回报的投资者。他们往往没有长期的投资眼光和战略规划，只关注于眼前的利益。这种类型的投资者可能会对创业企业施加压力，要求迅速盈利，缺乏对企业长期发展的支持。这种短视的投资者与创业者的价值观和目标不一致，可能会影响企业的长期发展和创新能力。

其次，只有钱但没有专业知识和经验的投资者，这类人是指那些没有经过良好管理和专业培训的企业家。他们可能在投资决策和企业管理中缺乏专业知识和经验，他们有资金有实力，但是往往不具备望远镜般的视角与格局。创业者在接受融资之前一定要花时间好好选择一个好的天使投资人。选择一个好的天使投资人，意味着选择了一个好的创业合伙人。

在这个不断变化的世界，需要用创业的心态做天使投资。天使投资者是创新的"航海家"，用自己的勇气、智慧和决心，引领那些璀璨的新星，驶向创新的大海。天使投资者是创业者的陪跑者，陪他们穿越最困难的风暴，迎接未来的挑战和机会。

天使投资是正道，是大道。每一家成功的企业都是从小做到大的。作为能陪伴企业初期成长的人，这就是笔者的成就感来源。

第三节
别被市场情绪干扰

格雷厄姆在《聪明的投资者》一书中有一个关于市场的寓言故事：他把市场每天的涨跌想象成是由一个市场先生来决定的。在市场先生心情好的时候，他就会让股票上涨，否则他就让股价下跌，市场先生不管股票背后的公司基本面如何，股票的涨跌全凭自己的心情，偏偏他的心情阴晴不定，谁也无法预测接下来他是高兴还是难过。

在这个寓言故事里，股票市场被比喻为一个行为古怪且情绪极度不稳定的"疯子"，他每天的出价全由情绪决定，我们无法预测，能做的只有在他出价后再决定是否利用这个价格。因此格雷厄姆麾下不管是巴菲特还是施洛斯等人，都从来不会去关心市场为什么涨，为什么跌，在意的只有企业的实际价值和价格差。在他们眼中，股价的涨跌从来不是买入卖出的理由，低于内在价值或高于内在价值才是决策的依据。

那么，在国内这个极其内卷的创投圈，"市场先生"是否也存在呢？

答案是肯定的。

在国内创投圈，每年都会有被资本热捧的热点主题出现。比如2019年的新消费，2020年的数字经济，2021年的碳中和，2022年的元宇宙、Web3，2023年的AIGC、ChatGPT等，每一年都有层出不穷的热点主题被资本、媒体推上风口浪尖。每天早上醒来，看到36kr、虎嗅、投中网等各大创投媒体争相报道×××又融资了，×××正准备冲击IPO。各大机构的投资经理、政府招商部门人员也是每天赶着早班机全国各地到处飞到处看项目，生怕晚一些有些好的项目就溜走了。

在这个极其内卷的创投界，难道和格雷厄姆所说的"市场先生"不一样吗？

2022年初，因为无聊猿猴NFT的爆火，整个市场开始关注Web3。当时笔者一个在阿里巴巴就职的程序员朋友看到了机会，选择辞职创业all in Web3。正因为和他交流得比较多，笔者第一次接触到Web3的这个概念。正因为Web3的这个项目，笔者的团队接触到了当时还并不是很火的gpt 3模型。当时整个团队觉得非常兴奋，这是第一次接触到人工智能模型。

笔者把这个工具分享给圈内其他做一二级市场投资的朋友，告诉他们这将是未来的一个新兴生产要素。可惜的是，当时大家都着眼于Web3，没有人关注AIGC。

但是很讽刺的是，2023年初因为ChatGPT的突然出圈，一时间大街小巷都在议论纷纷，市场上的投资经理们摇身一变，一个个开始关注AIGC，没有人愿意再看Web3的项目了……这就是创投圈很现实很典型的例子。

而笔者和一位美团珑珠的投资总监聊天，他说2019年时投消费有多风光，到了现在就有多惨淡。2019年时，资本机构全在大力追投新消费赛道，Manner咖啡、M-stand、茶颜悦色等一系列耳熟能详的大众消费品牌被资本热捧。但是到了现在，资本想要退出，不是在求下家接盘买老股，就是死死被套牢。眼看着这一期的基金期限快到期，但是没法回收本金，面临着巨大的压力。

这些事例让笔者更确信，在创投界，"市场先生"依旧存在。在这个内卷到极致的圈子里，变的一直是热点，是主题。

那不变的是什么呢？

笔者认为，不变的是创始人的坚持与情怀。投资者要做的，就是找到拥有坚定理想信念的创始人。

诗人泰戈尔早就说过：有时候，不是因为看到了才相信，而是因为相信才看到。

在这个硕大的创投圈，多数人因为看见所以相信，少数人因为相信所以看到。这部分少数人，就是我们要找到的人。

笔者因一次偶然的机会遇到了一隅千象的创始人魏娉婷。一隅千象是一家做裸眼3D的公司，在没和她交流之前，单看他们做的产品，就是一家集合了硬件、软件、算法的视觉呈像公司。但是在和魏总简短的聊天过程中，我发现她的野心不止于此。从2016年回到国内创业，她的愿景是在不借助可穿戴设备前提下，把虚拟的世界带到每个人的身边。在此之前，我是不敢想象的，因为市场上已经充斥着AR、VR等多个类型的穿戴产品。她说："替代苹果的一定不是新的计算机，干掉可穿戴设备的为什么不能是我们呢？"正因为有这样的愿景，所以她选择放弃很多能赚的快钱，IPO不是她的目标，实现愿景是她创办这家企业的初心。从她坚定的眼神与语气中，笔者能感受到一位创业者远大的理想抱负。

回头想想，笔者有很久没有遇上这样的创业者了。虽然身边是有很多的创业者，有因为"双创政策"而创业的，也有因为不愿当打工人而创业的，但是有几位是怀揣着要改变时代，引领时代的创业者呢？有几人能说自己是不为了IPO套现实现财富自由而创业呢？这样的人太少了。

一隅千象的魏娉婷就是这样的创始人。她的目标不是快速获利，也不是急着IPO，而是要把虚拟世界带到每个人的身边，这就是她的初心。她放弃了那些眼前的利益，专注于追求自己的梦想。这就是投资人所说的"因为相信，所以看到"。

在创投领域，"市场先生"的情绪化确实会干扰投资者的判断。那些被市场热点概念带动的投资项目，其实往往并不稳定，随着市场热度的退去，这些项目可能就会消失。而真正具有价值的创业公司，往往是那些忽视市场热点，坚持自己的初心，有独特理念的公司。

因此，作为投资人我们应该怎么做呢？

首先，市场具有波动性。市场的价格波动性，有时上有时下，不一定准确反映出一个公司的真实价值。我们不要盲目追随市场的情绪，而是要有自己独立的判断。

其次，树立长期投资的观念。不要过度关注市场短期的波动，而是要专注于公司的基本面和长期的价值。在市场过度乐观或过度悲观的时候，聪明的投资者应该有能力利用这些机会进行买入或卖出。

再次，进行独立思考。"市场先生"不介意被冷落，也就是说，投资者不必感到有压力必须每天都做出交易决策。投资者可以选择在市场报价与他们的价值判断有显著偏差时才进行交易。

最后，学会情绪控制。市场可能会有各种各样的情绪，但是投资者需要保持冷静，不能被市场的狂热或恐慌所左右。投资者需要做的是理性地判断并利用市场的波动，而不是成为市场情绪的牺牲品。

投资者在选择投资项目时，需要摒弃"市场先生"的情绪化干扰，避免盲目追求市场的热度。应该深入了解创始人的理念和初心，评估他们的决心和执行力，以及他们对市场的理解和预见。只有找到了那些真正具有坚定理念的创始人，投资者才能找到真正的投资机会。

一个好的创始人，会以自己的初心和坚持，带领团队在困难和挑战面前坚定不移，甚至在困难中找到新的机会。投资者需要的，就是找到这样的创始人，而不是跟随市场的热点。投资的本质，应该是对价值的追求，而不是对利润的追求。

《小王子》一书里写道："真正重要的东西，是肉眼无法看到的。"作为一名创投人，我们正是要捕捉这些无法用肉眼看到的东西。"在变化的世界中，保持不变的，就是你的初心。"对于创始人来说，他们的初心是他们的方向；对于投资者来说，他们的初心是寻找那些真正具有价值的项目和创始人。这是一种对于自己，对于投资，对于世界的认知和责任。这也是投资者的初心和不变之道。

第四节
创投界的江湖郎中

在创投领域，笔者自认是一位"江湖郎中"。不同于那些名震一方的投资大佬，笔者并非处在金字塔的尖端，也不是大型投资机构的舵手。笔者对自己的定位，一直都是只干自己会干的事。

那什么是自己会干的事呢？即通过"望闻问切"的方式，判断每一个初创企业发展的可能性。

一、望：关注公司的全貌和表象

很多公司都会有展厅，展厅里陈列着公司的产品、各式各样的荣誉证书、领导考察调研的合影。很多创始人会带着投资人在展厅里拣公司最优秀的部分讲。比如，公司获得多少项专利，企业被评为国家高新技术企业，某某书记或者领导到企业参观合影留念等。这当然可以理解，谁不愿意把自家孩子说得好一点呢？这些只能作为公司一个对外形象的展示，但是这些展示就能说明一个公司的优秀吗？并不能。相反，这些展示当中有很多水分，并不能代表一个企业发展的潜力。那我们去一家企业调研，应该"望"什么呢？

1.创始人的办公室

如果一家初创企业的创始人办公室规格明显和其他办公空间不一样，并且经常大门紧闭，说明这家公司在初期就有等级文化存在，员工汇报工作要逐级进行，见创始人一面并不容易，这样的氛围不太利于企业的快速发展。

2.研发环境

如果一家企业的研发环境整整齐齐，空空荡荡，说明平常研发的工作做得并不多。

3.公司的物料间

对于大部分的初创公司而言，都会有各种乱七八糟的设备堆在物料间。看一家公司的历史过往和活力，看看这家公司的物料间便知。

并不是那些在高大上的写字楼里办公，拥有亮丽门头的公司就是一家好公司，投资人其实更关注一家创业公司的活力。有时候并非整齐划一干干净净是好事，对于一家初创企业来说，时间和效率是最关键的，乱糟糟反而更有可能是大家争分夺秒的体现。

4.夜晚的公司

夜晚的公司代表着公司加不加班。如果到点就关门，大概率这家公司的业务不怎么样。没有员工留在公司加班，大概率公司的活力不怎么样。

二、闻：听公司的声音

1.办公环境的声音

一家有活力的公司从早到晚充斥着键盘敲击的声音和员工之间的对话讨论。建议在午休时分去公司进行调研，如果一家初创公司在午休时分都还是这种状态，说明这家公司的活力不一般。

2.员工与创始人对话的声音

如果一家公司的员工和创始人对话的时候是轻声轻语恭恭敬敬的，大概率这家公司基本上是一言堂，公司员工很难发挥出积极性。

三、问：找人询问公司情况

1.问员工

找员工问公司的氛围，问公司的不足，问员工对于这家公司的看法。如果员工对于这家公司充满信心和希望，我们是能从他眼神中看到的。

2.问合伙人

投资人不能只和创始人一人了解情况，应该和每一位合伙人了解情况。因为合伙人作为创始人的左膀右臂，在初创企业里面与创始人同样重要。投资人需要了解每一位合伙人的背景和情况。笔者尤其关注合伙人的个人问题，是否成家，是否有对象，平常有什么兴趣爱好等私人问题。这些问题决定了合伙人是否有心思同创始人一起一心一意地并肩而战而非受到外界因素的干扰。

3.问保洁阿姨

对于一家创业公司而言，到公司最频繁的往往是每天打扫卫生的保洁阿姨。她作为一个第三方的存在，其实最客观地了解公司日常的情况。公司是否正常运作，是否有活力，保洁阿姨的发言其实是很重要的评判因素。

四、切：查阅公司的关键信息

1.切账目

对于初创公司而言，一般业务体量还没有特别庞大，此时公司的财务、经营合同等关键信息是能比较容易检验的。一般公司会看三张报表，即资产负债表、现金流量表和利润表。但是对于一家创业公司来说，这几张表的意义并不是很大，只能说明一个公司大致的财务情况。一般创业公司会有内账外账两套账目，内账一般是给公司内部管理层看的，外账一般是给投资人和政府人员看的。投资人要尽可能看到内账，了解公司最真实的情况。

2.切征信

如果有可能的话，投资人一定要看看公司创始人、合伙人的征信情况。如果一家公司的创始团队征信都是优秀的，说明公司现金流问题不大。倘若公司创始人、合伙人的征信出了问题，创始团队本身的现金流可能就有问题，那公司运营上的压力一定会加大。

3.切合同

在很多商业计划书中都能看到对未来的营收预测，但预测毕竟只能是预测，并没有真实发生。唯一能证明业务发生的就是业务合同。投资人应要求公司提供真实发生的几个主要大客户的销售合同进行校验。

以上这些方法，能更快更准确地识别创业公司存在的问题，帮助投资人在投资决策上做出更精准的判断。

第五节
投资原则一：投资就是投人

投资原则中有一条独特而深刻的信念——早期投资就是投人。项目的成功与否，在于投资者是否找到了那个能引领其走向辉煌的人。正是因为这个原因，投资者会花费大量的时间来了解并评估创始人。这不是一个简单的过程，而是需要深入洞察，用心聆听，持续发掘创始人的优势和潜力。

投资者珍视的，是那些真诚、热情、执着、有远见的创始人。投资者看重的，是他们坚韧不屈的意志，无所畏惧的勇气，以及对于未来无比明确的愿景。只有这样的创始人，才能在复杂多变的商业世界中，带领他们的团队和项目一路向前，走向成功。

可以用五个"敢不敢"来评判一个创始人是否满足投资的预期。

一、敢不敢想

在复杂的商业世界中，每个成功的创始人都有一个伟大的梦想，这是其为追求理想而无畏困难，持续创新，从未言弃的动力源泉。这就是Dream Big——敢于想象的重要性。作为创始人，不仅要有宏大的想象力，更需要有实现梦想的勇气和决心。因此，对于一家创业公司，对于创始人来说，"敢想"的意义是无法量化的。

首先，"敢想"是开启创新之门的钥匙。无论是公司还是个人，都需要不断创新以应对瞬息万变的市场。创新的源泉是创新思维，而创新思维的驱动力就是无限的想象力。敢于想象，敢于设想，可以使公司在产品设计、商业模式、营销策略等方面推陈出新，从而在激烈的市场竞争中占据主动。

其次，"敢想"是拓宽视野的窗口。敢于想象，意味着愿意站在更高的地方，看到更远的地方。"敢想"可以使创始人在商业决策中更具远见，更能看清市场的发展趋势，从而制定出更有效的战略方针。在这个快速变化的世界中，唯有不断扩大视野，才能找到更多的商业机会。

再次，"敢想"是提升个人品质的磨砺石。一个敢于想象的人，必然是一个勇敢面对挑战，敢于尝试，不怕失败的人。这种品质对任何创始人来说都无比重要，它会让他们在面临困境时，有足够的勇气和决心，坚定前行。

最后，"敢想"是塑造企业文化的基石。一个敢于梦想的创始人，会以他的理想和热情，激发公司内部的创新精神，塑造一个鼓励想象、追求梦想的企业文化。这样的文化会进一步吸引更多的优秀人才，让公司的发展更加强劲有力。

"敢想"对于一家创业公司而言极为重要。它是引领创新，拓宽视野，提升品质，塑造文化的重要基石。只有敢于想象，才能实现伟大的梦想。

世界上知名的企业家在早期几乎都是一群敢于想象的人，敢于做梦。无论是乔布斯、马斯克，还是马云、刘强东，从创业第一天就敢于畅想未来。

对于投资人来说，投资早期创业公司就像下注，但是这个赌注的关键并不仅仅在于项目本身，而更在于创始人。相较于那些保守、不敢想象的创始人，敢于想象、有远见的创始人无疑更具吸引力。他们的公司具有更高的天花板，这代表着更大的发展潜力和更高的投资回报率。

对于投资人而言，他们希望的是一个有想象力和潜力的创始人，因为这样的创始人更可能让一个小小的想法最终落地，为投资人带来惊人的回报。在这种情况下，投资人更愿意用1万元的筹码去投资一个有远大想象力的创始人，而不是用5000元的筹码去投资一个思维保守的创始人。尽管前者的投资可能风险更大，但他们也可能带来更高的回报。

换句话说，对投资人而言，投资的并非只是项目本身，更重要的是投资在创始人身上的想象力和创新能力。这是因为，只有敢于想象，才能创造未来，才能引领行业的发展，才能带来真正的投资回报。因此，对于投资人来说，"敢想"的创始人无疑是他们寻找的最理想的投资目标。

二、敢不敢讲

在投资人对创始人品质的考量中，第二个核心原则就是"敢不敢讲"。在当今的网络时代，一位优秀的创始人需要具备勇于表达自己观点和愿景的勇气。因为，这个时代更加重视互联互通，倾听与分享的能力对于成功的关键性尤为显著。一个有着卓越思想却无法有效传达的创始人，他的成功天花板可能就此被限制。

理由何在？首先，这是一个粉丝经济的时代，人们不仅购买产品或服务，更在乎的是故事和价值观的分享。在这样的背景下，创始人其实就是公司最好的"产品"。他们是公司最重要的"销售员"，他们的故事、他们的激情、他们的价值观能够感染和吸引众多的粉丝，进而转化为公司的用户和客户。

雷军、罗永浩这些成功的创业者，其实都是这个时代的"网红"，他们不仅拥有伟大的创新思想，更重要的是，他们敢于表达，敢于在公众面前分享他们的想法，他们用自己的声音来塑造公司的品牌形象，引导行业的发展方向。

然而，这并不意味着所有的创始人都必须具备"大咖"的风范。事实上，笔者见过一些内敛含蓄的创始人，他们也能够通过不断的学习和练习，克服自身的短板，慢慢地在公众面前发声，以自己的方式向世界表达自己的思想。

因此，对于创始人来说，"敢讲"并不仅仅是一种个人品质，更是一种必要的商业素养。它不仅能够帮助创始人更好地向外界传达自己的想法，也能够帮助他们吸引更多的粉丝和用户，提升公司的影响力和竞争力。

三、敢不敢呛

对我们来说，一个好的创始人需要具备的第三项重要品质就是"敢不敢呛"，也就是敢于质疑，敢于挑战。这种质疑的精神不仅体现在对内部员工的管理上，更体现在他们对外界，包括对投资人的态度上。一位好的创始人必须在任何时候都能坚持自己的原则和执着，而不是在遇到压力和挑战的时候轻易放弃。

有一些创始人对内部的管理态度非常坚决，批评员工时言之有理，但在遇到外界压力时，却变得委婉和谦逊，甚至违背自己的原则。这样的创始人无法赢得团队的尊重和信任，也无法在困难和挑战面前坚持自己的观点和决策。

而另一方面，也有一些创业团队有强大的合伙人团队，他们经常与创始人争论和辩论。一位敢于"呛"的创始人，他们会坚持自己的观点，即使在面对强大的反对声音时，他们也能保持清晰的思路和坚定的决心。

这种"敢呛"的精神对于创始人来说尤为重要。在创业的过程中，从所犯的错误中学习往往比不断掉头转向更为重要。一个总是犹豫不决，容易被他人说服的创始人，他的公司很难在激烈的竞争中赢得优势。

总的来说，投资人非常看重一个创始人是否具备"敢呛"的品质，因为这是他们在面对挑战时能否坚持自己的观点和决策，从而带领公司向前发展的重要保证。

四、敢不敢莽

"敢不敢莽"，是评价创始人的第四个标准。"莽"包含两层含义：一是草莽，即接地气；二是敢于莽撞，意味着无视形象，专注目标。

对于创始人来说，能不能深入一线，亲自指导，带兵打仗，显示出其与团队之间的紧密关系和坚定决心。有些创始人口若悬河，然而在需要其深入实际操作时，却犹豫不决。这种行为显然是不易被接受的。

再者，敢于莽撞，也是投资人认为创始人需要具备的品质。只有不拘泥于形象，不畏惧他人的目光，才能专注于自己的目标，将公司带向成功。创始人身着牛仔裤和T恤，甚至是裤衩和拖鞋，这并不影响他们追求目标的决心。反倒是那些以形象为重，过度享受物质生活的创始人，他们的能力和远见才真正让人担忧。

以迁移科技的创始人樊钰为例，他曾在火车站的一家价格便宜的酒店过夜，以便第二天一早参加会议。这样的情景，恰恰展现了他的"敢莽"。他并不在意约谈是否在高端酒店或者会所进行，对他来说，更加重视的是效率和时间。这就是我们所希望看到的创始人。

然而，笔者也遇到过许多无法接地气的创始人。他们享受着投资者方方面面的支持，却忽视了最基本的任务——带领公司向前发展。这样的创始人，他们的"天花板"是很低的。

总的来说，"敢不敢莽"是一个创始人是否具备接地气和专注目标的重要指标。他们的行为和态度，直接关系到公司的发展和未来的走向。

五、敢不敢放

在衡量创始人的五个重要准则中，"敢不敢放"是至关重要的一个环节。"放"主要包含两层含义：一是及时止损，敢于舍弃；二是有自知之明，知道何时该放手。

在创业的过程中，失败和错误是无法避免的，甚至可以说是家常便饭。因此，对于创始人来说，如何面对错误和失败，是否能在合适的时机果断止损，放弃一些看似有希望但实际上走不通的路径，这是衡量其远见和智慧的重要依据。坚持和执着固然重要，但是在市场竞争激烈的环境中，若不知变通，盲目坚持，那么企业最终可能会付出巨大的代价。

同时，"放"还包含着一种自知之明，即创始人应该明白哪些机会值得抓住，哪些钱能赚，哪些应该舍弃。聪明的创始人通常有自己的原则和底线，他们知道并非所有的机会都值得追逐，而是要专注于自己最擅长、最有可能成功的领域。这样的创始人明白，"君子有所为，有所不为"。

回顾历史，那些最成功的创始人，往往是懂得"放"的人。比如，当亚马逊初创的时候，杰夫·贝索斯曾经被告知电子书籍将取代纸质书籍。尽管他看到了电子书的潜力，但他也知道纸质书业务是亚马逊的基石，因此他没有过早地放弃纸质书业务。他的决策表明，他懂得"放"，懂得在正确的时间点，为了更大的目标，放弃或保持某些东西。

总之，"敢不敢放"反映出创始人的远见、智慧、自知之明以及战略决策能力。一个敢于"放"的创始人，无疑是我们看好的对象。

在评估创始人的能力和潜力时，除了前述的五个"敢不敢"原则外，还有一些关键的特质令投资人特别重视。真诚和执着的品质自然不可或缺，然而，一个成功的创始人还需要具备以下特质：诚实、至善至坚、无畏的特质，以及适应各种环境的能力。这些优势在以下的几个实例中可见。

一个成功的创始人往往具有一种天生的气场，能使人一眼就看出他是领导者。这种气场表现在自信上，他们的眼里总是闪烁着坚定的光芒。比如乔布斯，他坚定的眼神和自信的态度使得人们无法忽视他，甚至能让人们相信他所说的每一个字。

诚实是一个成功的创始人必须具备的品质。他们不仅对自己，对员工，对投资人，也对市场保持真诚。沃伦·巴菲特就是一个很好的例子，他的公开信总是直言不讳，无论是成功还是失败，他都愿意与股东共享。

至善至坚，这似乎是矛盾的两种性格，但实际上，这是一个成功的创始人必备的特质。他们热情、友善，但在必要时，他们也会毫不犹豫地做出艰难的决策。比如乔布斯在1985年被苹果公司辞退后，他决定重新创业，并在回归苹果时果断砍掉了一些不赚钱的产品线。

无畏是一种勇敢的精神状态，创始人需要在困难和压力面前保持坚韧不拔。例如马斯克，面对特斯拉公司的种种挑战，包括财务危机、公众质疑等，他始终坚持他的梦想，最终将特斯拉公司带入了新的高度。

创始人需要具备在各种环境下都能适应的能力，既能阳春白雪，又能下里巴人。阿里巴巴的马云就是这样的人，他既可以在达沃斯论坛上娓娓道来，也可以在公司年会上自嘲短板，深得员工的喜爱。

在投资决策中，投资人并不寻求完美无瑕的创始人，更不期待他们成为"别人家的孩子"。事实上，投资人寻求的是那些有些"怪异"，或者说是"Nerd"的人，他们往往是独立思考的，对于自己的想法和目标有坚定的信念和执着。他们以独特的方式看待世界，以创新的方式解决问题，这恰恰是他们独特的魅力所在。

乔布斯就是这样一个"Nerd"。他是个极端的完美主义者，有着独特的审美和执着的坚持。他对产品的精致追求，对设计的颠覆性思考，都使得苹果的产品迥异于众，引领了一个时代的潮流。他的"stay hungry, stay foolish"，也成了无数创业者的口号。

马斯克也是一位典型的"Nerd"。他的公司包括特斯拉、SpaceX、神经连接公司Neuralink，都体现了他的前沿视野和改变世界的决心。他提出的"火星殖民计划"看似荒谬，却正是这样的"Nerd"精神推动着行业的创新和进步。

投资人寻求的，正是这样的"Nerd"。他们执着，他们独立，他们有着改变世界的决心和毅力。他们可能不会像别人一样寻求平稳安逸，他们可能会被世界误解，但正是这样的他们，有可能成为改变世界的那一分子。投资人不仅要找到这样的"Nerd"，更要支持他们，因为他们是不可或缺的。

　　总的来说，投资人在寻找一个值得投资的创始人时，不仅看他的才华和能力，更看他是否具备以上这些特质。

第六节
投资原则二："AA"原则

在投资者的投资决策中，有一条很重要的原则，就是"AA"原则。

什么是"AA"原则呢？

在一副扑克中，A在扑克牌中是最大的牌，有两张A，就意味着在所有的玩家中你拥有最高起点的牌面组合。

若将这两张A，看作一家公司，就可将其视为是有极高投资价值的优秀公司。

而投资人只有在确信一家公司是"AA"级别的优秀公司后，才会选择投资，其他时候，投资者则会选择观望，等待下一个"AA"级别的公司出现。

但是，许多投资者因为抵制不住诱惑，没有等到"AA"级别的公司出现，就选择尚未达到理想标准的项目进行投资。他们可能被一些明亮的点吸引，如一个独特的商业模式、一个充满激情的团队，或者一个热门的市场。他们在心里想，万一这个公司未来能够成长起来呢？这种侥幸心理让他们决定跟注，却忽略了详细的尽职调查，没有全面地了解公司的实力和潜力。

这种行为就好像在德州扑克中，玩家在没有拿到强牌的情况下选择下注。他们可能误以为自己的牌型还不错，可能觉得AK、AQ这样的牌型也有机会在未来的牌局中赢得比赛。但实际上，如果没有做好充分的分析，他们手中的牌型可能只是中等水平。

这样的行为在短期内可能会带来一些回报，但在长期投资中，往往会带来巨大的风险。因为这些所谓的优势或许只是表面现象，而真正的问题隐藏在更深的地方。例如，公司的商业模式可能并不具备长期竞争力，团队可能存在内部矛盾，市场可能被过度估值。

在海量的创业公司中，那些真正的"AA"级项目其实并不多，所以投资者需要具备持久的耐心和决心，坚持原则，等待那个正确的机会。

用最简单的话来描述，就是"不大不来"。只有拿到了绝对的强牌时，再选择下注。其他时间干什么呢？一个字——"等"。著名投资人查理·芒格在《穷查理宝典》中写道，他的投资策略就是"坐等"，他三十年只投了一家公司，但这家公司带来的回报足以弥补其他错过的机会。

投资世界里，都需要修行"等待"的本领。等待强牌出现再下注，长期坚持一定是正收益的策略。

第七节
投资原则三：干自己能干的事

作为投资者，有一个原则——"干自己能干的事"，这个规则是许多投资者和投资机构一直以来遵循的原则。对于许多人来说，这似乎是一个不太容易理解的观点，大家都说，难道国家都看好的事情你们投资机构不看好吗？

其实并非如此，投资人当然相信趋势。但是，对于一家投资机构来说，必须明确自己适合投资什么领域。

首先，让我们明确"自己不能干的事"是什么。在现实中，这类事务通常指的是那些需要大规模资本、长期投入，具有深远影响力但回报期限长或回报不明显的事务。比如天文学研究、深海探索、空间科技、量子计算、脑科学等。这些领域通常包含大量的不确定性，需要巨大的资本投入，且需要长期等待才能看到明显的成果或回报。因此，这些项目通常是由国家或政府来承担的。

然而，对于一个寻求效益和回报的投资机构来说，长期投入、高风险和不确定的回报是投资机构无法承受的。

例如，中国的天宫空间站项目。这是一个耗资数十亿美元，耗时超过十年的超大型科技项目。该项目的主要目标是探索空间科学，推进科技创新，提升中国在国际航天领域的地位，而不是直接的商业利润。尽管该项目无疑是对国家科技进步的巨大推动，但对于一家寻求短期回报的私人投资机构来说，这显然是一个不适合的投资项目。

投资机构的资本是逐利的，投资人需要能看到明确的、短期内可以实现的回报。这就是为什么许多投资机构选择投资那些更能立即落地，每年稳定增长，无须过高技术壁垒的项目。

比如，互联网公司在过去的十年中飞速发展，许多投资机构都将目光投向了这个行业。他们看中的是这个行业的市场潜力，短期内可以获得的巨大回报，以及这个行业相对较低的技术壁垒。即使是一个初创公司，只要有一个好的商业模式和市场策略，就有可能在短时间内获得巨大的成功。

投资领域充满了各种可能性和机遇，但其中也伴随着风险与挑战。当然，投资本质上是对未来的一种预测，投资者以往的经验，对其未来的决策具有决定性影响。笔者就曾在"干自己能干的事"这个方面走过一段艰辛的道路。

几年前，笔者创办了一家名为回车科技的公司，致力于脑科学领域的探索与发展。脑科学是一门具有广泛前景的学科，各国政府都将其列为重点发展领域，大力投资支持。然而，这个领域的技术门槛非常高，市场落地应用又相对较少，使得回车科技一直处于"不温不火"的状态。

包括美国、欧盟在内的许多国家和地区，都曾试图通过重金投入来推动"脑科学计划"。然而，由于市场需求尚且不定，许多项目最终不了了之。消费者往往对尚不成熟的产品缺乏购买热情，而这恰恰限制了公司的发展。

回车科技虽然始终坚守阵地，但发展一直不顺。在面临困境时，公司能做的只有等待整个宏观市场的崛起。然而，对于投资机构来说，长期的等待未必能带来期待的回报。

相比之下，如 Uber 和滴滴这样的项目因为满足了人们的基本生活需求，最终在市场上大放异彩。比如 Uber，从 2009 年创立开始，其市值在不到十年的时间内就突破了 700 亿美元。而 Uber 所做的，只是将互联网技术和传统的出租车服务结合起来，创建了一个全新的商业模式。他们并没有在技术上有什么突破性的创新，也无须大量的资金投入和长期的等待。这就是为什么许多投资机构更倾向于投资这样的项目。只要投资机构能够把握好时机，这类项目的回报将会非常可观。

虽然国家主导的科技项目具有广阔的前景，但它们的商业化过程往往充满挑战，而且回报周期可能会非常长。相反，那些能直接满足市场需求，有明确的盈利模式和较短的回报周期的项目，可能更适合投资机构。因此，投资决策应当更多地考虑市场需求、回报周期和风险承受能力等因素，而非仅仅依赖于政策支持和科技前景。

总的来说，"干自己能干的事"这一原则的核心逻辑就是，投资机构需要选择那些短期内可以看到回报、风险可控的项目。而这一原则对于投资机构来说是至关重要的，因为这是它们保持持续盈利、保证投资安全的关键。

第八节
投资原则四：躬身入局、不懂不做

投资世界，既充满机遇，又充满挑战，每个投资者都需要全身心投入，才能捕捉到稳健的回报。如果自己都未曾创业，那么如何能投得中好的公司呢？

举个例子，笔者的一位同行是哈佛商学院的杰出毕业生，他毕业之后进入了高盛实习，实习结束后又进入国内知名投资机构中金做投资经理。但是，他在投资一家创业的餐饮公司时，因为没有亲自经历过创业的艰辛，没有亲身体验过如何处理供应链管理、员工激励等问题，结果导致这次投资以失败告终。他对于创业的过程了解得太过书面，缺少实际操作的经验，最后只能眼睁睁看着投资款项在短期内化为乌有。

笔者并非贬低那些毕业于名校的投资经理，他们非常努力，日复一日，跑遍城市乡村，寻找有投资价值的项目。然而，若是缺乏创业经验，他们的投资决策可能就像是在赌博。曾有一位投资人在没有任何创业经验的情况下，决定投资一个初创的电子商务项目，他无法准确评估公司的真实状况。最终，这个项目因为流量获取成本过高而告终。

在笔者看来，投资者只有像医生一样深入了解公司的"病情"，才能对症下药。笔者曾经投资过一家智能硬件初创公司。在表面看来，该公司产品创新，市场潜力大，但实际上他们的产品研发进度和市场接受度并不如预期。笔者决定躬身入局，和他们一起研发产品，深入理解智能硬件行业，了解产品从制造到销售的每一个环节，最终笔者决定暂缓投资，避免了可能的投资损失。

笔者一直认为，投资人的任务不仅仅在于投资，更在于助力创业者，与他们共同构建企业的未来。笔者曾投资一家健康科技公司，其间不仅提供资金支持，更是积极帮助他们拓宽销售渠道，提供行业资源，甚至在他们遇到法律问题时，也站出来帮忙寻找解决方案。这是因为，笔者把自己当作他们的战友，而不仅仅是他们的投资人。

"不懂不投，不懂不做"是笔者一直坚守的原则。在投资一家新能源公司前，笔者花了两年时间深入了解新能源行业，包括政策环境、技术难题、市场发展趋势等各个方面。最后，基于对行业和公司的深入理解，笔者选择进行投资，这个项目也带来了丰厚的投资回报。

投资，从来就不只是简单的买卖，而是需要全身心投入，需要用心理解，需要躬身入局。只有这样，投资人才能找到正确的方向，才能充分发掘项目的潜能，为社会、为创业者创造更多的价值。

首先，"躬身入局"是一种积极参与的态度，就是说投资人不能只是站在旁观者的角度来看待投资项目，需要深入了解项目的内在逻辑和潜在问题，用实际行动参与其中，才能更好地理解其运营模式、盈利途径以及可能面临的困难。这种参与不仅仅是投资，更包括投后管理和持续跟踪，以此了解企业的真实情况和市场动态，做出合理的投资决策。

以笔者自己的经验为例，我曾经投资了一家初创的电商平台。在投资前，笔者除了看他们的商业计划书，还深入了解他们的供应链、技术架构、团队构成、用户反馈等。笔者甚至亲自去体验了他们的服务，从消费者的角度来评估他们的产品。在投资后，笔者一直和创始团队保持密切的沟通，持续跟踪他们的业务进展和市场反馈，为他们在运营、战略调整等方面提出了不少建议。正是这样的"躬身入局"，使笔者能够更好地理解这个项目，也能在关键的时刻提供有效的支持。

下面还有一个真实却让人痛心的故事，其中充满了投资世界中的冷酷现实和残酷教训。

笔者的一位比较亲近的朋友，是杭州萧山地区颇具名气的富二代。他在朋友的建议下，决定将资金投入初创公司中。他投资了10家以上的公司，总计出资约5000万元人民币。然而，当笔者问他最终回收的投资有多少时，他回答说只有区区13万元人民币。

笔者试图了解他所投资的公司都是做什么的，他却无法给出明确的回答。他模糊地说，有的好像是在研发医药，有的好像是在做人工智能。笔者明白他并不是被朋友欺骗，他的资金的确投入了这些初创企业。然而问题的关键在于，他对投资的公司和所在行业知之甚少，他对这个领域毫无了解，而且他也没有在初创公司的实践经历。基于这样的情况下，他的投资行为其实就是在赌博，赌运气，赌可能的回报。当运气好的时候，可能会有一些收益；但是当运气不好的时候，他连本金都有可能损失得一干二净。

这个故事是对"不懂不投"原则的生动诠释，也是一则关于投资失误的警示。

其次，"不懂不做"则是一种谨慎的态度。在投资领域，诱人的机会比比皆是，但并非每一个机会都适合我们。如果投资者对某个行业或公司的了解不够深入，那么就很可能忽视其潜在的风险，甚至做出错误的决策。因此，对于那些不熟悉的行业或公司，最好的策略就是保持克制，不轻易投资。

比如说，笔者曾经有机会投资一家人工智能公司，看起来这个行业的前景很广阔，但由于笔者对这个领域的了解并不深入，所以选择了放弃。后来，笔者从一位同行那里得知，这家公司由于技术实现困难和市场接受度低，最后并未能实现预期的盈利目标。笔者当时"不懂不做"，虽然看起来失去了一个机会，但实际上避免了可能的风险。

总的来说，"躬身入局"和"不懂不做"是投资者在投资决策过程中需要坚守的原则。只有深入了解和实际参与，才能做出明智的投资决策；只有对自己不了解的领域保持谨慎，才能有效避免不必要的风险。

初创公司的问题出在哪里，投资者需要给它把把脉。这并非学过一些金融知识，做过一些金融交易就能轻易完成的。投资者必须躬身入局，先成为一名创业者。

投资者的任务不仅仅在于投资，还要对创始人进行加持和辅助。看好这个创始人，就要成为这个创始人的得力助手，和他一起搭台唱戏，而不是简简单单地指挥他应该怎么做。

躬身入局，意味着投资者必须对所投的赛道和领域有着深入研究。这不是看几篇报告，或者随意做几个调研就能完成的。

"不懂不投，不懂不做"一直是最有效的原则。俗话说，隔行如隔山。进入一行没有三五年时间的深耕，是很难探究到里面的门门道道的。在这种情况下，如果只是做了简易分析就下注，那么和赌博无异。

但是作为一家想持续为社会和创业者创造价值的投资机构来说，赌博并不是最好的选择。

第九节
投资原则五：实事求是

在很多风险投资者眼中，所谓的优质投资目标往往被定义为明星创业者、热门赛道，以及有着巨大市值空间的项目。然而，他们可能过于高估了自己的角色，错误地认为自己可以轻易指点江山，驾驭投资。做投资的人总觉得自己是个角色，可以手握大把资金把控局势。但实际上，很多时候投资人太把自己当回事了，做投资一个很重要的原则就是实事求是。

笔者归纳总结为以下三个方面。

一、不要以公司上市为唯一目标

理性投资并不等同于追求企业上市。虽然上市经常被视作投资的"终极目标"，但是，真正的投资者知道，在未来的投资旅程中，公司是否能够上市并不是唯一的考量因素。做投资，就是在寻找一家能够创造长期价值，有可预见回报，且在自身认知范围内的公司。

笔者曾经投资过一家位于杭州下沙大学城的专业咖啡连锁店。这家咖啡店的特色是提供高品质的手冲咖啡和自家烘焙的咖啡豆，而这正是咖啡爱好者们所追求的。虽然它不具备巨大的上市空间，但是它的业务模式稳定，创始团队全情投入，具有极高的服务质量和良好的口碑。笔者认为这家咖啡厅的价值不在于能否上市，而在于它所能提供的优质产品和服务，以及它所创造的社区环境。这些价值是它成为一个良好投资目标的关键。

在投资过程中，投资者需要脚踏实地，明确知道投资的是企业的未来价值，而不仅仅是上市这一个可能的结果。在咖啡店的例子中，笔者通过投资，帮助这家企业发展，扩大了其影响力，创造了更多的社会价值。其在社区中的影响力也间接地为笔者带来了可观的投资回报。

所以，投资者投资的目标应该是一家好的公司，而不仅仅是一家有可能上市的公司。一个有实力的创业者，一个在自己的领域内有深入理解和专业技能的团队，这些都比一个遥不可及的上市目标更为重要。只要是一门好生意，只要是一个靠谱的团队，投资者就有理由去投资，而不是仅仅因为它们可能会上市。

二、基金规模并非越大越好

当谈到投资基金的规模，人们往往认为"越大越好"。然而，过大的基金规模并不一定会带来更好的回报，反而可能会成为投资机构的负担。太大的资金规模会使得投资者周旋于各方，缺乏专注和精细运作的空间，对投资的深度理解和全局掌控也会被相应削弱。

笔者曾和一家管理资金规模达40亿元的投资机构打过交道。这个巨大的基金规模使得机构经常处于被大企业、政府部门寻求合作的情况中，往往需要应对各种会议、商务活动和公关事务。虽然这些活动在一定程度上能带来更多的投资机会，但同时也消耗了他们大量的时间和精力，导致他们无法将主要精力集中在投资决策和持续管理上。

相反，一家小型投资机构的灵活程度就完全不一样。就好比天使湾创投，虽然这家机构的基金规模不大，但是能使他们更加专注于投资本身，更深入地研究和理解投资项目，投后管理也更有针对性，因此虽然资金规模不大，几期基金的回报并不逊色于大型机构，甚至远超一些知名投资机构。

这就像一句老话说的，"大不一定就是好"。对于投资基金来说，适当的规模、精细的投资策略和优质的投后管理才是关键。所以，投资者应该摒弃过度追求基金规模的思维定式，更加注重投资的专注性、精细度和质量，这样才能真正做出好的投资并带来满意的回报。

三、赛道并非越尖端越好

在投资界，通常认为投资AI、半导体、生物医药、量子计算等科技前沿领域是最具潜力和价值的。说实话，这些领域笔者完全不懂。市场上也少有几个全才的投资人，能够把这些不同的高科技领域都融会贯通。没有人能做到全知全能。

投资的本质是对未来的预期，只要一项业务能创造稳定并且可预测的现金流，并为投资者带来满意的回报，就是值得投资的。无论是高科技还是传统产业，都有其投资的价值和意义。

以普通的制造业为例，虽然它看似并不"高大上"，但其中也充满了投资机会。笔者曾经投资了一家制造电动车零部件的公司。这家公司有稳定的客户基础，领先同行的生产工艺，丰富的行业经验和深入的理解，这些使得他们能有效地提高生产效率，降低成本。尽管这家公司并不是前沿科技领域，但他们的业务模式非常可靠，现金流稳定，这使得投资者得到了稳定的回报。

消费行业也是一个被忽视的领域，比如食品饮料、日用品等。有家糕点品牌主打健康、无添加的自然食品路线，凭借对市场的敏感洞察和快速响应能力，这家公司在竞争激烈的市场中稳健成长，并给投资者带来了超预期的回报。

所以，投资的赛道并非只有最尖端的科技领域，普通的制造业、消费等领域同样充满机会。关键在于是否能找到具有竞争优势、运营良好、有良好现金流的公司，这样的公司，无论在哪个行业，都是有投资价值的。

投资是一个复杂的过程，需要投资者具备广泛的知识和深入的理解。实事求是的投资原则提醒投资者，投资并不只是寻求最高的回报，或者追求最前沿的科技，更重要的是要对自己投资的企业有深入的理解，明确企业的真正价值和未来发展潜力。投资者要尊重创业者的热情和创新精神，相信他们的能力，也信任自己的判断。投资者不只是投资者，更是创新和进步的助推者，投资者的目标不仅仅是实现财富的增值，还要促进社会的发展和进步。

　　面对投资，投资者要敢于接受挑战，但也要有清醒的头脑，知道自己的局限，尊重事实，坚持真理。做到这一点，就能以实事求是的态度，正确地投资，成功地投资。在这个过程中，可能会犯错，可能会失败，但只要保持谦虚和谨慎，愿意学习和改变，就一定能够不断成长，不断进步，最终实现自己的投资目标。

第十节
投资原则六：无为而投

"无为而投"是投资理念中一条十分重要的原则。

要用"无为"的心态去对待我们所投的每一家企业。如果做不到"无为"，宁可不投。

那什么是"无为"呢？

老子在《道德经》中说："道常无为而无不为。"大概意思是说，"道"永远都是顺其自然的，感觉什么都没做，但却又好像没有什么事情不是它所作为的。

老子的"无为"并非什么都不做，并不意味着要消极、懒散，什么也不管不顾。而是不轻举妄动，不乱作，顺应客观形势，尊重自然规律。以"无为"的态度对待一切，顺应自然规律，不强行干涉，不偏离自然规律追求个人目标。

那么在创投领域的"道"，或者说自然规律是什么呢？

笔者认为有两点。

（1）所有的企业都是从小做到大。

（2）所有的企业都会犯错。

这是所有创业公司客观存在的规律。

首先，如果有意向投资一家创业公司，就要尊重它循序渐进的成长过程，而不是揠苗助长式的肆意灌溉。如果说创业公司是一粒种子，那么资本应该是阳光雨露，滋养辅助这颗种子，等待它慢慢发育成长，资本不应该是激素，刺激它过早过快地发育。激素刺激下的结果，无法做到根深蒂固。

但是在现实生活中有很多资本催熟的创业公司，比如前几年的"瓜子二手车"等。

如果选择投资一家企业，不要想着用资本去催熟它。而是应该作为锦上添花的辅助，去成就它。

其次，所有的企业在成长的过程中都会犯错。这也是不可避免的客观规律。相信每一位成功的创业者背后，都有千百次的失败和打击，他们都是从一个坑中跌倒，又重新爬起投入战斗，最终迈向成功的一个过程。

作为资本方，应该客观审视并且接纳创业者犯错的这个事实。的确，很多创业者在创业初期因为经验不足而犯错，有些创业者意志坚定，非要证明自己的独到眼光，不撞南墙不回头。在这种情况下，即便投资者有经验，也要尽量少干预甚至不干预创业者，我们得眼睁睁地看着他往火坑里跳。

为什么呢？因为对于这些优秀的创业者而言，不撞南墙不回头的性格正是投资者看好他们的原因，他们自己没有踩过坑，是无法靠三言两语就说服他们的。当公司遇到困难危机，真正最焦急想解决问题的一定是创业者自己，解铃还须系铃人。

同样，踩坑是一名创业者从优秀到卓越的常态。这种事有可能年年发生，月月发生。但是如果每次碰壁了或者触礁了，投资者就去干涉创业团队自己的决策，或指手画脚，或抽身而退，这只会增加创业公司更多的压力，也会打乱他们的步调节奏。

笔者在创业早期，就碰上过一个不太友好的资本方。笔者的公司当时的快递业务已做到一定的体量，正在考虑稳步增长还是快速扩张的时候，资本为了快速套利而要挟笔者的公司将公司折价出售落袋为安。如果笔者团队不同意，资本就撤资，导致公司无法发展。最终迫于压力笔者团队不得不选择卖掉公司。但是如果这个业务继续发展，很有可能发展成国内数一数二的"最后一公里"企业。

因此，笔者认为，既然选择投资一家公司，就要尊重公司发展的规律。不能过度干预，更不能落井下石。

"无为而投"强调尊重创业者的创新力量，信任他们的决策，并包容他们在商业实践中犯下的错误。这一原则体现了对创业者独特个性的理解，尊重他们以自己的方式解决问题，从而积累经验，实现个人和企业的成长。

这样的投资方式能够为创业者创造一个充满包容和理解的环境，激发他们的创新活力，也是投资者实现投资回报的关键所在。举个例子，当微软公司在20世纪80年代初期刚刚起步时，它的商业模式并不明确，产品也并不完善。然而，那些敢于投资微软的投资人，他们看到的不仅仅是微软目前的困境，而是它未来的可能性。他们坚定地信任比尔·盖茨的创新精神，允许他们在实践中犯错，并从中学习。结果，微软最终成了世界上最大的软件公司，那些早期的投资者也从中获得了巨大的投资回报。

　　因此，投资需要深入理解并切实实践"无为而投"的原则。它要求我们尊重自然规律，理解并接纳创业者在成长过程中的摸索和失败，以此推动企业的健康发展，最终实现投资的共赢。只有这样，我们才能"成就伟大创业者"。